经典悦读
系列丛书珍藏版

通往诗意地栖居

——恩格斯《论住宅问题》如是读

陈培永 ◎ 著

SPM 南方传媒　广东人民出版社
·广州·

图书在版编目（CIP）数据

通往诗意地栖居：恩格斯《论住宅问题》如是读／陈培永著. —广州：广东人民出版社，2023.9
（经典悦读系列丛书）
ISBN 978-7-218-16790-9

Ⅰ.①通… Ⅱ.①陈… Ⅲ.①《论住宅问题》—恩格斯著作研究 Ⅳ.①A811.23

中国国家版本馆 CIP 数据核字（2023）第 146126 号

TONGWANG SHIYIDI QIJU——ENGESI《LUN ZHUZHAI WENTI》RUSHI DU

通往诗意地栖居——恩格斯《论住宅问题》如是读

陈培永　著

出 版 人：肖风华

出版统筹：卢雪华
选题策划：曾玉寒
责任编辑：曾玉寒　李宜励
封面设计：李桢涛
插画绘图：李新慧
责任技编：吴彦斌　周星奎

出版发行：广东人民出版社
地　　址：广州市越秀区大沙头四马路 10 号（邮政编码：510199）
电　　话：（020）85716809（总编室）
传　　真：（020）83289585
网　　址：http://www.gdpph.com
印　　刷：广州市豪威彩色印务有限公司
开　　本：787 毫米×1092 毫米　1/32
印　　张：4.375　　**字　　数**：90 千
版　　次：2023 年 9 月第 1 版
印　　次：2023 年 9 月第 1 次印刷
定　　价：24.00 元

如发现印装质量问题，影响阅读，请与出版社（020-85716849）联系调换。
售书热线：020-87716172

目录

导言　一场围绕住宅问题展开的论战

　　一个老的文明国家像这样从工场手工业和小生产向大工业过渡，并且这个过渡还由于情况极其顺利而加速的时期，多半也就是"住房短缺"的时期。一方面，大批农村工人突然被吸引到发展为工业中心的大城市里来；另一方面，这些老城市的布局已经不适合新的大工业的条件和与此相应的交通；街道在加宽，新的街道在开辟，铁路穿过市内。正当工人成群涌入城市的时候，工人住房却在大批拆除。于是就突然出现了工人以及以工人为主顾的小商人和小手工业者的住房短缺。[①]

　　这是恩格斯在其著作《论住宅问题》第二版序言中写下的一段话，描述的是 19 世纪 70 年代的德

　　[①]　《马克思恩格斯文集》第 3 卷，人民出版社 2009 年版，第 239 页。

住宅论战

国所发生的事。虽然已经过了150年左右，但在今天的读者读来，依然会有熟悉的感觉。世界不同国家的发展道路虽各不相同，但众多国家的工业化、城市化进程似乎都曾经历过如此的境遇。

《论住宅问题》写于1872—1873年，当时的背景是：德国遇到难得的发展机遇，开始作为一个工业大国参与到世界市场中。急速发生的工业革命推动一些城市成为工业中心，一些人涌入城市，而城市的住房建设和城市改造并没有为涌入进来的工人以及小商人、小手工业者的居住做好必要准备，出现了城市住房短缺的问题。住宅问题一时成为社会讨论的热点问题，报刊上发表了很多讨论的文章。在恩格斯看来，各种"社会庸医"趁机而出，发表自己的所谓高见。其中有两个人的作品，其观点极具有代表性，引起了恩格斯的注意。

一位是医学博士阿·米尔柏格，当时25岁。此人于1872年在奥地利《人民意志报》发表了名为《住宅问题》的一系列文章，德国社会民主工党中央机关报《人民国家报》陆续转载。由于文章发表时是匿名，在不知道作者是谁的情况下，恩格斯发表了《蒲鲁东怎样解决住宅问题》一文，揭示了文章背后实际上是早已经落后于时代的代表小资产阶级立场的蒲鲁东主义的观点。

另一位是埃米尔·萨克斯，1869 年他在奥地利的维也纳出版了《各劳动阶级的居住条件及其改良》一书，恩格斯认定这是资产阶级慈善家的代表所提供的解决住宅问题的方案，他曾在一封信中写道："是否值得就 1869 年出版的这本书写一篇专题文章？如果值得，我要把此人痛斥一顿，并把资产阶级对住宅问题的解决同小资产阶级对住宅问题的解决对照起来加以批判。这样，这两篇文章就可以合在一起出单行本，而问题本身也会多少论述得更透彻一些。"① 后来发生的事情说明，恩格斯认为还是值得写的，1872 年 10 月他完成并发表了《资产阶级怎样解决住宅问题》一文。

就在恩格斯发表文章的这个月，米尔柏格在《人民国家报》又发表了专门反驳恩格斯的文章，他认为恩格斯从对蒲鲁东的成见出发，根本不管他说过的话究竟是什么，也没想对他的文章进行答复，只是做了一个稻草人并从各个方面鞭挞它，找

---

① 《马克思恩格斯全集》第 33 卷，人民出版社 1973 年版，第 496 页。

个机会把对蒲鲁东的看法倾吐出来，"恩格斯骑着这匹误解之马，对蒲鲁东挥舞复仇之剑，同时以不屑的神气随时给可怜的蒲鲁东主义者踩上几脚"①。看到米尔柏格的反驳文章，恩格斯又写了《再论蒲鲁东和住宅问题》一文，对米尔柏格的观点再次进行了批判。

1887 年，恩格斯把三篇文章整理在一起再版，总标题就是《论住宅问题》，他为此撰写了序言并作了增补和注释，讲清楚了三篇文章写作的时代背景和缘由，简明扼要地表达了各方的观点以及其存在的问题。很明显，《论住宅问题》是论战型的作品，是在批判对手中呈现自己观点、发表自己见解的作品。恩格斯做过必要的说明：

由于马克思和我之间有分工，我的任务就是要在定期报刊上，因而特别是在同敌对见解的斗争中，发表我们的见解，以便让马克思有时间去写作他那部伟大的基本著作。因此，在大多数情况下，我都必须采用论战的形式，在反对其他种种观点的

---

① ［德］阿·米尔柏格：《住宅问题——答弗里德里希·恩格斯》，载《恩格斯〈论住宅问题〉研究读本》，臧峰宇等编著，中央编译出版社 2014 年版，第 236 页。

过程中，来叙述我们的观点。这次也是这样。①

在与对手"过招"中阐明自己的见解，而不是直接表明自己的观点，这是论战型作品的特质。我们阅读论战型的作品，应该把握住论战对手的观点，不能过低评价对方的观点，尤其不能完全否定对方的观点。对手的观点一定有值得借鉴的地方，因为面对水平很低的对手的观点，是根本不值得回应的，也是不值得批判的。只有认识到对手的高明之处，读懂对手观点的合理之处，在此基础上发现对手的软肋，才能提出更让人认同和信服的高见。

《论住宅问题》这部论战型的作品，不是围绕抽象的基本理论问题展开的，而是围绕重大现实问题展开的。重大现实问题不同于基本理论问题的地方就在于，很多人不管是不是研究者都可以说上几句，甚至还都会认为自己讲得有道理。面对无数人都很关心的现实问题，在论战中谈出被广泛认同的有见地的观点，并不容易。如果能够形成一套关于住宅问题的系统的理论，而且是不会随着时间流逝就过时的理论，更不容易。阅读《论住宅问题》，

---

① 《马克思恩格斯文集》第 3 卷，人民出版社 2009 年版，第 242 页。

我们要读出其中的高见，读出其中理论的系统性，读出其中观点的时代性。

马克思主义是洞察时代、引领时代的学说，但也不可避免地要打上时代的烙印。走进《论住宅问题》这部背景发生在19世纪70年代德国的论战型作品，我们需要追问，恩格斯与其他人探讨的住宅问题与我们今天的住宅问题还有关系吗？他们提出的解决住宅问题的观点对我们思考今天的住宅问题还能有启发吗？

对这个文本的深度阅读，我们会发现也应该发现，恩格斯在那个时代关于住宅问题的思考，绝不是只面对当时的状况，他是放眼人类社会历史进程的，他对之后时代的展望，正好给了我们理解其观点、借鉴吸收其观点的机会。

这本解读《论住宅问题》的小册子，聚焦这场关于住宅问题的论战，紧扣住宅问题的主线，围绕住宅问题究竟是什么样的问题、住宅问题为什么会出现、如何才能从根本上解决住宅问题等展开，力求以文本为基础、以社会现实为参考，进一步扩展马克思主义的住宅理论，彰显马克思主义回应现实问题的特质。

☞经典地位

　　《论住宅问题》是恩格斯面对人类社会工业化、城市化进程带来的住宅问题留下的文字，是马克思主义经典作家直面现实问题、给予深刻回应的经典著作，是马克思、恩格斯所有作品中谈论住宅问题最为系统、最富有理论深度的作品。该著作对科学社会主义、政治经济学以及马克思主义哲学的一些基本原理作了深刻论述，其中对城市化进程、住宅所有权、法律和公平起源、国家职能、城乡对立等问题的分析具有穿透时代的魅力，内含着许多值得深度挖掘和进一步阐释的观点，对于我们洞察当今中国乃至整个世界的工业化、城市化进程依然有重要价值。

一、住宅问题是个什么样的问题？

目前报刊上十分引人注目的所谓住房短缺问题，并不是指一般工人阶级住房恶劣、拥挤、有害健康。这种住房短缺并不是现代特有的现象；这甚至也不是现代无产阶级所遭受的不同于以往一切被压迫阶级的、它所特有的许多痛苦中的一种；相反，这是一切时代的一切被压迫阶级几乎同等地遭受过的一种痛苦。

1

住宅问题很重要，对于个人、社会、国家来说都是如此。没有人会否认住宅对人的重要性，会否认住宅问题作为社会问题的重要性。只是住宅对人为什么重要、有多重要，不同的人会有不同的观点。

米尔柏格谈住宅问题，是从强调住宅的重要性、住宅问题的重要性开始的。他写道："任何人都知道，住宅同一般家庭概念，同家庭概念的所有人伦方面的一系列问题，有多么密切的联系，除了人伦方面，住宅还那么深远地涉及身体、健康情况；丝毫不容置疑：住宅问题是摆在我们面前的最富有社会意义的一个问题。"[①] 在他看来，住宅关乎人的身心健康，关乎家庭人伦，是任何人正常生存和自由生存的基础，没有住宅，就是没有属于自己的家园，自由就是谎言。

我们说，卖什么吆喝什么，围绕住宅问题而写的作者自然"吆喝"住宅问题重要。这再正常不过，没有什么问题。有问题的是，在强调某事重要的时候不自觉地认定它是第一重要的，最终导致本来并没有如此重要的事情被说成是最重要的事情。

恩格斯当然不会否定住宅问题的重要性，但他并没有将这一问题看得那么重要。他明确指出，"现代大城市中工人和一部分小资产者的住房短缺，

---

① ［德］阿·米尔柏格：《住宅问题 社会概略》，载《恩格斯〈论住宅问题〉研究读本》，臧峰宇等编著，中央编译出版社 2014 年版，第 210 页。

只是现代资本主义生产方式所造成的无数比较小的、次要的祸害之一"①。是"比较小的、次要的祸害"，还是"之一"，恩格斯没有看到住宅问题重要就过度强调，所以还是很清醒地认识到资本对劳动的剩余价值的榨取才是根本祸害。

恩格斯还提醒，住宅短缺问题基本存在于一切时代，是从古至今一直都存在的问题，是一切时代的一切被压迫阶级几乎同等地遭受过的一种痛苦，并不是现代社会特有的现象。不能把住宅问题说成是特有的现象，似乎以前的人类社会，就不存在住宅短缺问题，就比现在的住宅状况要好。

为了论证当时社会住宅问题的重要性，米尔柏格把现代人的住宅条件说成"比野蛮人还低下得多"。他感叹的是："合乎人伦的家庭生活的真正集中点，即自己的家园，正在被社会旋风卷走，城市的广大人民群众都依赖于房主的恩惠。我们在这一方面比野蛮人还低下得多。原始人有自己的洞穴，

---

① 《马克思恩格斯文集》第 3 卷，人民出版社 2009 年版，第 251 页。

澳洲人有自己的土屋，印第安人有他自己的住处，——"① 野蛮人虽然住的是洞穴或土屋，但毕竟是有自己的住处的，现在却失去属于自己的住处，这是悲哀的事情。实际上，这并不符合人类社会的真实历史进程。古往今来"住"的问题（也包括"吃""穿""用""行"的问题），一直是没有解决的问题，对很多人来说是困扰一生的问题。在生产力低下的情况下，人类社会之前的整体住宅状况不可能好于当时。

为了突出住宅问题的重要性，不能以否定人类社会的进步为前提。要看到不同历史时期的住宅问题有共同性也有特殊性，现在需要的是要讲清楚这种特殊性，而不是突出现在住宅问题的独特性和唯一性，幻想古代社会的完美，无视现代社会的进步。应该看到，在审视现代人住宅问题的时候，恩格斯始终坚持着一种历史的、整体的视野，将某种社会问题放在整体的社会视野下，并放在人类历史发展的进程中。

---

① ［德］阿·米尔柏格：《住宅问题　社会概略》，载《恩格斯〈论住宅问题〉研究读本》，臧峰宇等编著，中央编译出版社2014年版，第216页。

2

谈论住宅问题，还要追问的是，它是社会上哪些人的问题，是什么性质的问题？面对同一个国家、同一个社会的不同的思想家，站在不同的立场上，得出的答案也是不一样的。正如我们从不同的视角出发，所关心的住宅问题也往往是不同的。

如果从自身出发，我们关心的住宅问题应该是如何盖（装修）房子或盖（装修）什么样的房子，如何买到或租到房子，如何买到或租到更大、装修更好的房子等。从社会出发，我们关注的住宅问题就会涉及一个国家的城市或农村的住宅缺乏、住宅条件差，对大部分人来说房价太高或房租太贵，以及社会成员之间住宅条件差别过大，有人拥有多套房子而有人没有一套房子，有人住在又大又好的别墅里而有人只能住在狭小的空间里。

进入到公众视野中的住宅问题，不可能是某个人的住房问题，只能是整个社会的住宅问题，或者说是某部分社会成员的问题。米尔柏格将住宅问题理解为大城市中百分之九十以致更多的人没有属于自己的房子的问题，社会没有给他们属于自己的安身的地方，他们所住的房子是租的，所有权归属于别人。他强调的是，"住宅问题并不是仅仅有关无产阶级的问题，相反，它同真正的中间等级、小手工业者、小资产阶级、全部官僚的利益有极大的关系，总之，同不是自己的房屋或自己的住宅的所有者和占有者的一切社会成员的利益有极大的关系"①。他认定住宅问题事关没有住宅所有权的一切社会成员的利益，不只涉及无产阶级的利益，也涉及小资产阶级的问题，他认为小资产阶级所受的痛苦跟无产阶级一样厉害甚至还要更厉害，甚至还涉及"全部官僚"的利益，按照上下文的语境看，应该是没有住宅所有权，也是租房子住的"全部官僚"。

有过之而无不及，在萨克斯看来，住宅问题不仅是无产阶级、小资产阶级的问题，不仅是没有住宅所有权的官僚的问题，也是关乎大资产阶级利益

---

① ［德］阿·米尔柏格：《住宅问题 社会概略》，载《恩格斯〈论住宅问题〉研究读本》，臧峰宇等编著，中央编译出版社 2014 年版，第 211 页。

的问题,虽然不是直接的但有间接的利害关系的问题。大资产阶级看到的住宅问题,表面上是城市中穷人居住条件差(比如形成的贫民窟)的问题,背后所指向的是带来城市的市容、环境、市民健康问题以及其他一系列社会问题。恩格斯用了如下一段话来描述当时的场景:

挤满了工人的所谓"恶劣的街区",是不时光顾我们城市的一切流行病的发源地。霍乱、斑疹伤寒、伤寒、天花以及其他灾难性的疾病,总是通过工人区的被污染的空气和混有毒素的水来传播病原菌;这些疾病在那里几乎从未绝迹,条件适宜时就发展成为普遍蔓延的流行病,越出原来的发源地传播到资本家先生们居住的空气清新的合乎卫生的城区去。资本家政权对工人阶级中间发生流行病幸灾乐祸,为此却不能不受到惩罚;后果总会落到资本家自己头上来,而死神在他们中间也像在工人中间一样逞凶肆虐。①

也正因此,本来已经拥有住宅所有权的人也关心并且谈论住宅问题,也会想着解决住宅问题,但

---

① 《马克思恩格斯文集》第3卷,人民出版社2009年版,第272页。

根本上不是想着去解决其他没有住宅所有权的社会成员的住宅问题，而是从自身的生活环境改善、从能在城市改造中获利出发想着去解决城市住宅条件差的问题。这些人为什么关心住宅问题，为什么要去提高穷人的居住条件，是因为他们关注他们所生活于其中的城市环境，担忧城市卫生条件差导致自己的健康受到威胁。就此而言，贫民窟和棚户区必须改造，是因为这里会滋生疾病，会产生反社会分子，隐藏着动乱的风险等。简单说，他们看到的住宅问题是他人的问题，想到的则是事关自己利益、当然也可以说成是事关社会安全稳定的问题。

住宅问题并不是一个很难认识、很难认定的问题，恩格斯更为简洁、精准的表述是"现代大城市中工人和一部分小资产者的住房短缺"问题。要看到当时住宅问题的特殊性，那就是工业化、城市化进程中大批农村工人进入城市而带来的住房短缺问题，这还真不是一般工人阶级住房恶劣、拥挤、有害健康的问题，因为这个问题伴随着资本主义生产方式的确立在城市中一直都存在。

同样面对住宅问题，小资产阶级关心的是租的房子如何才能成为自己所有的房子，拥有一套有产

权的房子；大资产阶级关心的是如何避免出现环境
污染或者社会冲突、如何美化城市市容和生活环境
的问题；对于工人阶级来说，可能就是有一个地方
住的问题。从不同的阶级立场出发，关注到的问题
一定是不同的问题，当然每个人不可能直接表明自
己的立场，而是会在理论叙述中打着解决社会普遍
存在的问题的名义而隐藏自己的立场，只有经过辨
别才能看清楚。

在恩格斯看来，这种住房短缺问题之所以引起
议论纷纷，确实是因为它涉及社会各阶级、各阶
层。如果只是涉及工人阶级的问题，应该就没有这
么大的社会影响力，至少不会在报纸媒体上产生关
注度。他实际上已经指明，小资产阶级或者说今天
的城市中产阶级愿意谈论这个问题是丝毫不奇怪
的，少数经济精英阶层有谈论这个问题的兴趣也是
丝毫不奇怪的。而且他也指明了，对无产阶级住宅
问题的关注、所提出的方案，最后有可能不一定会
真正有利于无产阶级住宅问题的解决。印度学者阿
米塔巴·昆都在结合社会现实解读《论住宅问题》
的过程中把握住了这一点，"尽管一切关于增加住
宅的行为的争论都是从穷人需要的角度展开的，但

是，所有的好处总被所谓的中产阶级和大部分小资产阶级获得了"①。

3

找到病根才能治病，要解决住宅问题，就要找找住宅问题产生的真正根源。就像治病救人一样，把不准脉，看不到病根，就无法看好病，找不到住宅问题产生的根源，也就自然无法提出解决住宅问题的有效方法。在恩格斯看来，当时的一些谈论住宅问题的人为什么是"社会庸医"，正是因为他们看不清问题的根源，因此注定提不出解决问题的正确思路。

令我们感到意外的是，米尔柏格认定住宅问题的根源是住宅的租赁制度。在他看来，土地和住房应该是共同的社会产品，少数私有主、房主和资本家盖好房子，却获得了永恒的权利依据，以租金的方式攫取现代无产者以及小资产者的劳动，用既得

---

① ［印］阿米塔巴·昆都：《国家住房政策回答了〈论住宅问题〉吗?》，载《恩格斯〈论住宅问题〉研究读本》，臧峰宇等编著，中央编译出版社2014年版，第300页。

快速上涨的房租

的金钱剥削他人，"房屋一旦建造起来，就成为一种永恒的权利根据来获取一定部分的社会劳动，尽管这房屋的实际价值早已以房租形式绰绰有余地偿付给房主了。结果就是：例如五十年前建筑的一所房屋，在这段时期内，原先的费用就由于房租收入而得到了二倍、三倍、五倍、十倍和更多倍的补偿"①。

虽然他也看到，在大城市里，工业的发展以及城市中不断增长的人口的集中，产生了对住宅的空前增长的需求，这种空前增长的需求导致城市地皮价值和房屋价值不断上涨，但他还是认为，住宅问题归根结底就是房屋租赁制度，法律承担一部分责任，它容忍了这种房屋租赁制度，有意识地让承租人服从出租者。而且，现实中私有主所实行的压迫比法律明文规定的还要厉害得多，越来越多的人因为没有属于自己的房子而越来越依赖于少数有房子的人。

令我们更加感到意外的是，在萨克斯看来，住

---

① ［德］阿·米尔柏格：《住宅问题 社会概略》，载《恩格斯〈论住宅问题〉研究读本》，臧峰宇等编著，中央编译出版社2014年版，第212页。

宅问题的根源在于社会上一些社会成员的道德和无知。一方面,有资产的上等社会阶级没有担负起应该担负的责任,没有意识到有害的住房会使人们受到伤害;另一方面,穷苦的工人阶级把收入挥霍在酗酒和其他社会恶习上,为了省房租而住到阴暗、潮湿、狭小的住房,是这种生活把工人拖进泥坑,导致他们无法改善住宅条件。

在恩格斯看来,住宅问题是资本主义生产方式、资产阶级社会本身带来的问题,是工业化以及其推动的城市化进程带来的问题。"在这种社会中,工人大批地涌进大城市,而且涌入的速度比在现有条件下为他们修造住房的速度更快。所以,在这种社会中,最污秽的猪圈也经常能找到租赁者;最后,在这种社会中,身为资本家的房主不仅有权,而且由于竞争,在某种程度上还有责任从自己的房产中无情地榨取最高额的租金。在这样的社会中,住房短缺并不是偶然的事情,它是一种必然的现象"①。住房商品化是资本主义生产方式获取利润增

---

① 《马克思恩格斯文集》第 3 卷,人民出版社 2009 年版,第 275—276 页。

长的重要途径，它需要大量工人进入城市来务工，需要建造房屋提供给工人租住，以此来获取利润。

住宅问题实际上是工业化、城市化进程带来的，是城市化进程不断推进的结果。随着城市化进程的加速，中心城区地皮价值提高，原先房屋同改变了的环境不相称，必然被拆除改建成更为豪华的建筑，住在城市中心的工人的住房房租必然会提高。一些人挤进城市带来一部分人没有可住之地，工人的住房条件因人口突然涌进城市而特别恶化，房租大幅度提高，住房更加拥挤，有些人根本找不到栖身之处，被迫离开城市的中心地区转移到城市的边缘。这就是住宅问题在现代社会产生的原因。

工人的住房条件因人口突然涌进城市而特别恶化，房租大幅度提高，住房更加拥挤，有些人根本找不到栖身之处。

拥挤的城市

二、住宅所有权为什么行不通？

在大工业和城市的当前发展情况下提议这
样做是既荒谬又反动的；重新实行各个人对自
己住房的个人所有权，是一种退步。

1

如何解决住宅问题？答案似乎简单明了，让每
个人都有房可住，再进一步都拥有自己满意的房子
可住，问题就解决了。米尔柏格的口号就是"让每
个人拥有属于自己的房子"，这无疑振奋人心。那
如何让每个人都拥有属于自己的房子呢？在他看
来，这么重大的问题只有通过重大的措施来解决，
而这个重大的措施就是"赎买"，"所谓赎买出租
住宅就是目前的承租人必须根据国家的命令交付
规定的补偿，这样一来，出租的住宅就转归承租

人实际所有，这样一来，承租人就成了自己住宅的所有者"①。

通过赎买出租的住宅，彻底废除住房出租制度，把每个租房的人变成自己所租房子的所有者，就消灭了房屋所有者和承租人的关系，彻底终结了因为出租住宅给住房所有者带来的一劳永逸、源源不断的利益，以及给小资产阶级、无产阶级带来的只能到处租房、永远没有自己所有房子的命运。

就这样，一个全新的社会就出现了，"社会原来是由少数所有者和绝大多数依赖别人的承租人所组成的，就这样变成由各个不依赖别人的、自由的住宅所有者所组成的总体"②。面向未来，米尔柏格越想越激动，充满理想地指出，"正像即将来临的社会将是一个自由工人的社会那样，这个社会也会

---

① 〔德〕阿·米尔柏格：《住宅问题 社会概略》，载《恩格斯〈论住宅问题〉研究读本》，臧峰宇等编著，中央编译出版社 2014 年版，第 218 页。

② 〔德〕阿·米尔柏格：《住宅问题 社会概略》，载《恩格斯〈论住宅问题〉研究读本》，臧峰宇等编著，中央编译出版社 2014 年版，第 219 页。

使每个人能得到免费住宅"①。未来的自由生产者也是他们住宅的所有者，而且人人都会得到免费住宅，多么美好的想象，但空想也往往会在这个时候出场。

米尔柏格认为，"赎买"这个词提供了解决住宅问题的全部内容，废除住宅租赁制是在革命思想内部发生的最有成效和最高尚的意向之一。这也是米尔柏格认为自己超越自由主义的地方之所在："在住宅问题上出现了同在社会问题其他部门中完全相同的现象；自由主义要调整卖淫，我们要消灭卖淫；自由主义要使施舍形成一种制度，我们则要根本废除行乞；自由主义想关心雇佣工人，我们想从根本上废除雇佣劳动；自由主义对出租住宅方面的所谓滥用表示惊奇，我们只看到一个滥用，即出租住宅本身。总之，自由主义者是彻头彻尾的自私自利者，所以是狭隘的、有局限性的，他越是鼠目

---

① ［德］阿·米尔柏格：《住宅问题 社会概略》，载《恩格斯〈论住宅问题〉研究读本》，臧峰宇等编著，中央编译出版社 2014 年版，第 217 页。

寸光，他遇到的问题就越大。"①

容易受到认同的是，谁不想拥有属于自己的而不是租来的房子呢？对一个人来说，租住住房是不稳定的，租户会随着房主的想法改变而被迫改变，也不能随意按照自己的风格装修，如果我们是租过房子的人或者说目前还在租住房子，更容易认同。按照这种解决住宅问题的思路，交付的房租是对住房本身价格的分期偿付，每个人通过分期付款先成为住房的部分所有者，然后成为完全所有者，租房者不再交租金，每次交的都是部分房款，最终交完所有房款。这样做，并没有完全不顾住房所有者的利益，因为不是去直接剥夺他们的房子，而是为他们提供必要的回报。

让每个人都得到属于自己的房子，甚至每个人都得到免费住宅，都拥有自己的所有的住房，这当然是梦想。只不过，说出"我有一个梦想"是一回事，怎么将梦想变成现实是一回事。梦想人人可谈，将梦想实现则注定不是人人可为的。基本上人

---

① ［德］阿·米尔柏格：《住宅问题 社会概略》，载《恩格斯〈论住宅问题〉研究读本》，臧峰宇等编著，中央编译出版社2014年版，第222—223页。

美好梦想

人都认可的梦想，在现实生活中实现，却是极其复杂、难度极大的事情。社会问题的解决，不能光靠梦想，如果靠梦想就能解决问题，那我们只需要停下来好好梦想就够了。现实的残酷是，梦想注定是梦想，没有照进现实，还有可能出现的结果是，提出来的思路没有实现梦想，反而让梦想觉得不可追求，让梦想不再令人信服。

2

让每个人都拥有属于自己的住宅，很少有人会反对。但初读《论住宅问题》，给我们的感觉是，恩格斯是反对的。但凡有所思考的人，都会认同"住者有其房"，恩格斯怎么可能会反对，怎么会不同意呢？他只是提出了自己的质疑，提醒我们不要沉浸在美丽的梦想中，而疏忽了现实的悲催。

之所以质疑，首先是因为，这种通过购买出租住房而人人变成所有者的思路，是不靠谱的，是不可能的。恩格斯举了当时在巴黎以及一些大城市里的例子，一些大房子里合住着 10 家、20 家、30 家人，如果有一天宣布要赎买一切出租住房，一个人注定成为其中一定比例住房的所有者，他如果换了一个城市，又与其他租房者拥有了其他房子，他对房子的所有权最终只能是每所房子的一部分。这样的住宅所有者当然是很奇怪的。租房子往往不是一个人租一套房子，而是几个人租一套房子，如果租同一套房子的人都变成所有者，注定只能拥有这套房子的一部分，拥有一定比例的所有权。

更深层次的问题是，允许购买住房，工人也注定只能买到小房子，也不可能都能买到自己想要的大房子。而一旦有了小房子，工人变成拥有小住房的私有者，就会受到住房的束缚，成为眼界狭隘、唯唯诺诺、胆小怕事的"奴隶"，放弃对当时资本主义生产方式的反抗，失去推动社会进步的动力。"对于我们大城市工人说来，迁徙自由是首要的生活条件，而地产对于他们只能是一种枷锁。如果让他们有自己的房屋，把他们重新束缚在土地上，那就是破坏他们反抗工厂主压低工资的力量。个别的工人也许偶然能卖掉自己的小屋子，但是在发生重大罢工事件或者工业普遍危机的时候，受牵连的工人的所有房屋都会上市出卖，因而这些房屋或者根本找不到买主，或者卖得远远低于成本价格。"①

让每个人拥有住宅所有权，看似是解放工人，实际上可能会让工人承受更大的负担，会使他们没有获得自由反而使其一生挣扎在买房子的奔波劳累中，即使在拥有住房后还会担心受到冲击而不得不出卖住房。光脚的不怕穿鞋的，如果是一个光脚的人，他至少可以不用担心失去，而一个有鞋的人，则会因为担心失去而畏首畏尾，甚至为了保存而不得不忍气吞声，尽管这双鞋本来就不好。

值得我们深思的是，恩格斯提出了迁徙自由已经成为首要的生活条件，这种自由对抗的是只能生活在某个城市、在某个乡村的束缚。被迫离开一个地方又一个地方去谋生、去生活，虽然反映了工业化、城市化进程中人们的无奈，但也同时意味着人们有了更多的选择，有了更宽广的视野，因此也就有了获得更大自由的空间。

根本上而言，主张个人的住宅所有权，是不符合历史发展趋势的。恩格斯指出，在德国本来就是如此的，个人拥有自己的田地、房屋，根本不是需

① 《马克思恩格斯文集》第3卷，人民出版社2009年版，第279页。

要追求的目标，反而是过去的现实。本来园艺业或小耕作业相结合形成了农村家庭工业，在农村，农民是自己田地的所有者，在城市，工人相当稳定地占有房屋。"在其他任何一个国家里，都没有这样多的雇佣工人不仅是自己住房的所有者，而且是自己的园圃或田地的所有者；同时，另外还有许多工人以租佃者的身份事实上相当稳定地占有着房屋和园圃或田地。"①

随着世界市场的出现，随着大机器的采用，情况发生了改变，大农业战胜了小农业，机械织机替代了手工织机，只是靠一亩三分地的小农业生产和家庭手工业已经很难维系下去，农民和工人必须另找工作，仍然把他们束缚在已经陈旧的个体生产和手工劳动的方式上已经是不可能的了。人类社会历史的进程，必然是从依靠个体家庭的小农经济、工场手工业走向依靠联合劳动的机器大工业，必然是一些人失去自己本来所有的房屋和田地，抛弃自己的小屋子、小园圃和小块田地，走到大城市来，从事机器大生产，过上流动的生活。从一个城市到另

---

① 《马克思恩格斯文集》第3卷，人民出版社2009年版，第243页。

一个城市,从城市的一个区域到另一个区域,不断地更换自己的住所,成为自然而然的事情。因此,"在大工业和城市的当前发展情况下提议这样做是既荒谬又反动的;重新实行各个人对自己住房的个人所有权,是一种退步"①。

我们已经回不去了,在工业化、城市化进程中,再想把人固定在自己出生的某个地方已经很难了,再想着给每个人一块地、使其拥有一所小房子去从事自给自足的小生产已经不可能了。只能在工业化、城市化的进程中才可以思考住宅问题的解决,而不是违背历史进程通过回到从前去解决。

恩格斯说明的是,逆历史潮流,是不可能解决住宅问题的。不把握人类社会发展的客观规律,不放眼人类社会历史的变革进程,是不可能得出关于住宅问题以及其他一切社会问题的科学观点的。

3

显然,恩格斯反对的不是每个人拥有住宅,而

① 《马克思恩格斯文集》第 3 卷,人民出版社 2009 年版,第 330 页。

是个人只拥有住宅所有权，是那种认为通过赋予并保障住宅所有权就能解决大多数人拥有住宅的观点。

应该理解，住宅所有权与住宅所有，并不是一回事。赋予一个人拥有住宅的权利和让一个人真正拥有住宅，并不是一回事。从租住到购买，实际上是要赋予每个人住宅所有权，是要保障每个人的住宅所有权。但给了这种所有的权利，就解决了大多数人拥有住宅的问题了吗？

如果社会不能提供足够多的住房，如果一个人没有钱去购买住房甚至没有钱去租房，虽然他被赋予了住宅所有权，他注定还是不可能有属于自己的房子。即使国家通过法律，不允许住房租赁，只允许住房购买；不允许社会成员作为租者者，只能作为买房者，那也注定解决不了住宅缺乏的问题，解决不了一部分人还是没有住宅可住的问题，更别说解决拥有住宅的问题。

实际上，最希望保障住宅所有权神圣不可侵犯的一定是拥有住房的人，是拥有不止一套房子的人，是通过出售房子而能获取利润的人。米尔柏格主张让租房者通过购买争取这样的权利，以萨克斯为代表的资产者当然不会反对，反而还会大力支持。这也应该是恩格斯认为米尔柏格和萨克斯的观点可以放在一起批判的原因之所在。

让每一个社会成员争取住宅的个人所有权，实际上正是资本逻辑所允许甚至所积极支持的事情，与资本不断追求价值增殖一点都没有违和感。而且，正是利用住宅的个人所有权，一些人拥有了不止一套的房子，一些人却始终买不起房子。资本还对一些人无房可住免除了责任，理由是，你是可以购买属于你自己的房子的，是你自己买不起房子，是你自己只能买到小房子或环境比较差的房子，与社会无关。

一定程度上可以说，恰恰是赋予和保障住宅的个人所有权，带来了一部分人有房可住一部分人无房可住。给予个人住宅所有权，反倒会让一部分人失去有房可住的机会。给了权利，失去住房，给了一部分人权利，让另一部分人没有了房子可住，这就是事情的悖谬之所在。让一部分人从租房者变成购买者、所有者，米尔柏格假设的这些人实际上都已经是有房可租的人。他没有考虑到无房可住的人，没有看到只能租得起而买不起房子的人的问题，没有看到无房可住的人只是想有个房子住，哪怕只是租来的房子。让租房者通过购买拥有属于自己的房子，那无房可住者去购买什么房子呢？

住宅缺乏导致房子的昂贵，注定一些人只能租得起而买不起，一律采取赎买方式，只有购买才能住到房子，那如果没有足够的钱应该怎么办？通过出租房屋，至少还可以让一部分人有房可住，而一旦完全实现房子从租到卖，那些还没有租房子的人，可能就再也没有机会去租了，可能就会马上面临无房可住的问题。事实也已经证明，通过分期付款购买住房的方式，并没有解决一些人买不起住宅的问题。

还要看到，拥有了属于自己的房子，不代表就拥有了自己想要的房子。我们当然知道拥有属于自己的房子好，但还得再进一步思考，如果只是拥有了属于自己的环境很差的小房子，那住宅问题就算解决了吗？一些人确实拥有了房子，拥有了住房的所有权，这种房子如果只是蚁穴，就真的改善住房条件了吗，就真的解决住宅问题了吗？

所以说，问题的答案不在于要让社会成员获取"所有权"，而是要获得"住宅"，切不可在主张所

有权的时候，忘了住宅才是问题的根本，更不应该
在追求所有权的时候，把本来还有机会有房可住的
人，变成了没有房子可住的人。

三、基于"永恒公平"能发挥多大作用？

　　在日常生活中，需要加以判断的各种情况很简单，公正、不公正、公平、法理感这一类说法甚至应用于社会事物也不致引起什么误会，可是在经济关系方面的科学研究中，如我们所看到的，这些说法却会造成一种不可救药的混乱，就好像在现代化学中试图保留燃素说的术语会引起混乱一样。

1

　　关于住宅问题的争论，也同时是关于公平正义问题的争论。在探讨住宅问题时，米尔柏格抛出了"永恒公平"（justice éternelle，也可译为"永恒正义"）的原则。他提出，要使阐述一步也不离开普遍原则的基础，要从普遍原则的观点出发提出明确的社会要求，对实际生活进行干预，而他所说的普遍原则就是永恒公平原则。

住房租赁不行，赎买住房就可以，理由就在于前者不符合永恒公平原则，后者符合永恒公平原则。在米尔柏格看来，房主不劳动而能从自己投在房屋上面的资本中取得地租和利息，以房租形式获得几倍于房屋原先成本价格的收益，是违背永恒公平的，而且还是造成不公平的根源，"同这种卑劣的制度相适应的现代租赁合同不是别的什么东西，只不过是种种不公平和压迫的根源。房主是主人，他的租户是恭顺的仆人"①。虽然房主靠出租住房获取收益有权利根据，但这种权利根据与永恒公平相抵触，因此应该根据永恒公平原则，废除这种权利根据。

为什么说米尔柏格是蒲鲁东主义者，正是因为这种思路就来自于蒲鲁东。蒲鲁东用"公平"的标准来衡量一切社会的、法的、政治的、宗教的原理，是摒弃还是承认这些原理，都是以它们是否符

---

① ［德］阿·米尔柏格：《住宅问题 社会概略》，载《恩格斯〈论住宅问题〉研究读本》，臧峰宇等编著，中央编译出版社2014年版，第214页。

合他所谓的"公平"为依据的。"正义是位居中央的支配着一切社会的明星，是政治世界绕着它旋转的中枢，是一切事务的原则和标准。人与人之间的一切行动，无一不是以公理的名义发生的，无一不是依赖于正义的。"① 蒲鲁东用富有煽动性的话语强调公平的重要性，认定公平是人类自身的本质，是应该成为一切的东西，公平是各社会中的基本原则，是有机的、起调节作用的、至高无上的、支配其他一切原则的原则。甚至为了追求公平，世界都可以毁灭，人类都可以毁灭。不得不说，蒲鲁东把公平拔高到已经无法再拔高的地步。公平太重要了，重要到无论如何强调、如何拔高都不为过。我们会认同公平正义很重要，但恐怕很难用这样的话来强调公平正义。

恩格斯并没有被这种高扬公平正义的论调带了节奏，保持了客观理性的态度，表达了不同的意见。他指出："在日常生活中，需要加以判断的各种情况很简单，公正、不公正、公平、法理感这一

① ［法］蒲鲁东：《什么是所有权》，孙署冰译，商务印书馆1963年版，第52页。

类说法甚至应用于社会事物也不致引起什么误会，可是在经济关系方面的科学研究中，如我们所看到的，这些说法却会造成一种不可救药的混乱，就好像在现代化学中试图保留燃素说的术语会引起混乱一样。"①

为了说明永恒公平观念存在的问题，恩格斯指出，在对经济关系分析中使用"公平"的术语，就如在现代化学中使用"燃素"这个术语一样，会造成不可救药的混乱。燃素是什么？它是化学家们在发现氧气之前为了说明物体在空气中燃烧的原因所使用的概念。化学家们发现物体在燃烧后比燃烧前要重，就假定存在着一种特别的燃烧物质，即在燃烧时消散的燃素，它具有负重量，所以物体不含燃素时就比含有燃素时要重些。这就把氧气所具有的主要特性加在燃素身上，当人们发现燃烧就是燃烧的物体与另一种物体即氧气相化合时，就把这种假说打破了。

打破假说，让那些已经习惯了假说的人信服，注定不是容易的事情。就像守旧的化学家长期拒不

① 《马克思恩格斯文集》第3卷，人民出版社2009年版，第323页。

承认氧气而只保留燃素的说法一样，已经习惯于永恒公平、把永恒公平常常挂在嘴边的人不会轻易放弃这一表达，接受更为科学、严谨的表达一样。用燃素来比喻公平，把公平看作社会燃素，这样的类比让一些学者认定恩格斯贬低了关于正义问题讨论的重要性，"当恩格斯在他的论文《论住宅问题》中把正义的概念描述为'社会燃素'（Social phlogsiton）时，他非常明确地表达了马克思主义传统中的一个难题，即贬低关于正义问题之讨论的重要性，而且最终消除这种思想"①。

恩格斯真贬低关于公平正义问题讨论的重要性了吗？他看不到公平正义对人类社会的重要性吗？他反对用公平正义的话语来追求人类的进步吗？显然不是，从行文逻辑上看，恩格斯并没有完全反对使用公平正义，也承认使用公平正义具有正当性和合理性，在我们的日常生活中使用"这太不公平了"的表述，是很正常的，比如当我们看到少数人拥有很多套房子而自己买不起一套房子的时候，很

---

① ［加］阿兰·桑德洛：《马克思主义的正义理论？》，王贵贤译，载《马克思主义与现实》2009 年第 6 期。

容易就会用"不公平"来对这种现象作出评判。这是没有问题的，不应该以表达严谨要求每个人都不能讲公平。

恩格斯强调的是，如果要对经济关系进行科学研究，进行学术研究，那轻易地使用公平或不公平的话语就是不应该的，强调永恒公平明显就是有问题的。在学术研究中应该理性地使用公平正义的话语，不能为了强调公平正义，而将其无限拔高，将其永恒化，看得无限重要。

2

"但有公平常在，哪怕世界毁灭"，如果只是作为一句名言，一定会备受推崇，说不定还会成为我们的座右铭。恩格斯却用这句话来批判蒲鲁东，认为蒲鲁东与萨克斯等人寄希望于社会公平原则，依靠法学和道德呼吁解决住宅问题，虽然喊得义愤填膺，但却是行不通的，如果不分析客观的经济社会现实，不去把握经济规律，永恒公平一旦付诸实现，世界还真是有可能要毁灭的。

住宅问题是经济问题，受客观经济规律包括供求规律等决定，应该以政治经济学为基础进行研究，研究房租的经济本质。房子建立起来以后，不可能被房屋所有者永恒所有，房屋本身会慢慢磨损直到最后不再能使用，通过租金的方式收回一部分资金是正常的。房屋租赁合同是商品交易，收取租金，租金上升，是符合商品交换原则的。而且，房租有多高，或增加或减少，受房屋建造和维修费用、房屋位置好坏程度、当时的供求状况等决定，不是哪个人随意能够决定的。个别交易中可能会出现欺骗行为，但不足以质疑整个房屋租赁制度的公平。

蒲鲁东主义者在判断一切经济关系时不是依据经济规律，而只是依据经济关系是否符合永恒公平来进行论证。恩格斯就此写道："蒲鲁东的全部学说，都是建立在从经济现实向法学空话的这种救命的跳跃上的。每当勇敢的蒲鲁东看不出经济联系时——这是他在一切重大问题上都要遇到的情况——他就逃到法的领域中去求助于永恒公平。"①

米尔柏格预想的永恒公平究竟是什么样的呢？

---

① 《马克思恩格斯文集》第 3 卷，人民出版社 2009 年版，第 255 页。

每个人制造各自的产品，他制造的产品可以用来消费，也可以到市场上交换，如果每个人都能以另一种产品来补偿自己劳动的十足价值，那么永恒公平就得到满足，最好的世界就建立起来了。这种永恒公平实际上只是交换领域的公平，是两个生产者之间交换的公平。这种满足永恒公平的关系是与商品生产相适应的法的关系，它并没有进入到生产领域中，而没有进入到生产领域，就注定无法看到资本主义社会真正不公平的现实。

不讲客观经济规律、只是基于永恒公平的原则解决不了住宅问题。永恒公平实际上是蒲鲁东等人的法理感、道德说教，想用法理感、道德说教而不是调节着现代社会的经济规律来解决住宅问题，又怎么可能呢？恩格斯反对借助于永恒公平的话语，是因为它注定找不到分析社会的根源的方法，没有真正的能力解决现实问题。通俗地讲就是，说不出理、讲不出门道，研究不够深入，不能说服人，所以才容易喊出一些法学的、道德的口号。

面对恩格斯的批判，米尔柏格给自己的辩解是："不论蒲鲁东也好，或者我也好，都不是诉诸'永恒公平'来说明现存的不公平的状况，更不是像恩格斯强加在我身上的那样，期望诉诸这个公平来改善这些状况。人类社会的真正推动力是经济关系，而不是法律关系，这一点蒲鲁东不比马克思和恩格斯知道得差；他也知道，一个民族某一时代的权利观念只是经济关系，特别是生产关系的表现、反映和产物。"① 虽然米尔柏格认为，只有当经济关系已经变化时，权利现实性才能发生变化，但他又认为，"如果革命已解决了社会问题，而且社会的生产条件已发生了变化，那么革命的权利意识、权利观念也必然会因此而得到表现，并由此出发彻底改变一切权利生活"②。不得不说，受到恩格斯的批判，米尔柏格一定程度上改变了从永恒公平观念出发试图改变经济关系、社会生产条件的思路，既强调了经济关系、社会生产的决定性作用，同时又强调了权利意识、权利观念对于改变社会现实的

---

① ［德］阿·米尔柏格：《住宅问题——答弗里德里希·恩格斯》，载《恩格斯〈论住宅问题〉研究读本》，臧峰宇等编著，中央编译出版社2014年版，第232页。

② ［德］阿·米尔柏格：《住宅问题——答弗里德里希·恩格斯》，载《恩格斯〈论住宅问题〉研究读本》，臧峰宇等编著，中央编译出版社2014年版，第232页。

作用。

这种想法本身表明了他认同了恩格斯所持的观点，思考公平正义的问题，归根结底还是得考虑社会的生产条件，从经济关系、经济状况出发，把握客观经济规律、社会发展规律。当然，在尊重客观历史规律的基础上，顺应人类社会历史的进程，激发人们的公平正义观念、权利观念是能解决社会问题、助推社会进步的，不过肯定不是靠永恒的公平正义观念，靠把自己认定的某种公平正义永恒化来解决问题、推进社会进步。

3

为了说明公平正义不是永恒的，讲清楚永恒公平的观念是如何出现的，恩格斯写了很长的一段话，这段话成为我们理解马克思主义公平正义理论以及法律理论、国家理论的经典段落，基本上可以直接作为马克思主义基本原理。这段话很长，为了阅读和理解的需要，我们可以适当地划分为几个小段落：

在社会发展的某个很早的阶段，产生了这样一

何来公平

种需要：把每天重复着的产品生产、分配和交换用一个共同规则约束起来，借以使个人服从生产和交换的共同条件。这个规则首先表现为习惯，不久便成了法律。随着法律的产生，就必然产生出以维护法律为职责的机关——公共权力，即国家。

随着社会的进一步的发展，法律进一步发展为或多或少广泛的立法。这种立法越复杂，它的表现方式也就越远离社会日常经济生活条件所借以表现的方式。立法就显得好像是一个独立的因素，这个因素似乎不是从经济关系中，而是从自身的内在根据中，可以说，从"意志概念"中，获得它存在的理由和继续发展的根据。人们忘记他们的法起源于他们的经济生活条件，正如他们忘记他们自己起源于动物界一样。

随着立法进一步发展为复杂和广泛的整体，出现了新的社会分工的必要性：一个职业法学家阶层形成了，同时也就产生了法学。法学在其进一步发展中把各民族和各时代的法的体系互相加以比较，不是把它们视为相应经济关系的反映，而是把它们视为自身包含自我根据的体系。比较是以共同点为前提的：法学家把所有这些法的体系中的多少相同的东西统称为自然法,这样便有了共同点。而衡量什么算自然法和什么不算自然法的尺度,则是法本身的最抽象的表现,即公平。①

从这段话可以整体上得到的信息是,公平在人类社会历史上本来就有一个出场的过程,它绝不是一直就有的,也不是永恒存在的,它受特定历史条件所决定,绝不是某个人想怎么样就怎么样、想怎么说就怎么说的概念。公平根本上是特定生产方式、特定生产关系的反映,起源于人们的经济生活条件,作为观念经常被用来捍卫特定的经济关系或者被用来否定特定的经济关系,"这个公平则始终只是现存经济关系的或者反映其保守方面,或者反映其革命方面的观念化的神圣化的表现。希腊人和罗马人的公平认为奴隶制度是公平的;1789 年资产者的公平要求废除封建制度,因为据说它不公平"②。

我们划分出的第一段,叙述了法律和国家的产生。其中法律比国家要出现得早,法律本身起源于

---

① 《马克思恩格斯文集》第 3 卷,人民出版社 2009 年版,第 322 页。
② 《马克思恩格斯文集》第 3 卷,人民出版社 2009 年版,第 323 页。

人们在经济活动中逐渐确定的规则，这个规则逐渐
取得人们稳定的共识，表现为习惯并逐渐演化为法
律。随着法律的出现，国家作为维护法律的机关才
出现。这不是我们惯常所理解的，先有国家，才有
法律，是国家制定了法律。没有国家哪有什么法律
呢？法律必须有国家来制定和通过才能叫法律。可
以如此理解，在国家出现后确实是如此，但追根溯
源，国家要后于法律而出现，并作为维护法律的机
构出现。

我们划分出的第二段，叙述了立法活动的产生
及其带来的后果。人类社会不断发展，立法成为重
要的活动。立法的复杂化和独立性，越来越给人一
种其与日常经济生活条件是独立的、没有什么关系
的印象。立法越来越被认为决定于人的意志，是人
们经过理性思考后制定的维护经济社会发展的活
动。在这种情况下新的观念出现了，不再是经济生
活条件决定法，法倒是越来越被认为应该是摆脱经
济生活条件来制定，并最终是引领未来的具有绝对
自主性和能动性的因素。

我们划分出的第三段，叙述了法学和公平的产
生。随着立法越来越复杂，职业法学家阶层形成，

法学产生。法学家所从事的法学研究，更加远离经济生活条件，更加强化了法与经济生活关系很远、不受经济生活条件所决定的观念，掩盖了法律受经济生活、经济关系所决定的事实。法学家把所有法的体系中多少相同的东西统称为自然法，而自然法的尺度就是公平，公平因此作为"法本身的最抽象的表现"而最终出现。这个观点实际上也是针对蒲鲁东的，蒲鲁东曾经明确讲过："正义决不是法律的产物；相反地，在人民容易发生接触的一切情况中，法律永远不过是正义的表示和应用。"①

公平正义代表了人们对法本身的最美好想象，也成为人们评价各种国家通过的法律是否具有存在价值的依据。我们可以在公平正义的名义下，通过法律不合法的宣称，来对已经出台的法律作出合法性、正当性评判。这当然是公平的积极价值，但如果看不到法、公平和经济生活条件、生产关系之间的任何联系，法律就会被看作是纯粹的随心所欲的命令，公平就会成为人人可用、无法达成共识的抽

① ［法］蒲鲁东：《什么是所有权》，孙署冰译，商务印书馆 1963 年版，第 52 页。

象口号。这就是蒲鲁东主义的问题之所在，看不到法和公平正义是受经济生活条件决定的，认识不到公平正义与否的问题不是随意的或者按照自己的法理感就能随意评判的。

还需要强调的是，恩格斯只是在论战中叙述了公平正义观念的起源问题，并没有否定公平正义观念的积极价值以及其所能发挥的主动作用，人们对公平正义的追求包括法学家对公平正义的探讨，当然会推动法学的进步，也会推动立法的完善和法律的健全，最终推动国家的法治进程，带来社会的进步。不能只看到法律相对于经济的被动地位，就否定公平正义观念的积极价值，就放弃对公平正义的追求。

四、如何寄希望于国家帮助？

要实现这一点，就必须剥夺现在的房主，或者让没有房子住或现在住得很挤的工人搬进这些房主的房子中去住。只要无产阶级取得了政权，这种具有公共福利形式的措施就会像现代国家剥夺其他东西和征用民宅那样容易实现了。

1

解决住宅问题，不可能绕开国家的角色，不可能不借助于国家力量。我们明显能感受到，在与米尔柏格的对话中，恩格斯并没有放弃国家力量作用的发挥，他关心的不是要不要发挥国家作用的问题，而是要什么样的国家、发挥什么样的作用的问题。在住宅问题上思考国家帮助问题，有助于更全面把握马克思主义的国家理论。

为解决住宅问题,萨克斯和米尔柏格提出了三种可以借助的力量。一是通过工人自助的方式。米尔柏格提出要建立规模巨大的建筑生产合作社,泥水工、石工、填土工、木工等组织联合作业,扮演资本家——企业主——工人角色,代替建筑股份公司。生产合作社按民主方式组织起来,贯彻平等和自由精神,挑选领导人和总建筑师,遵循每个人贡献有多大价值、就挣得多大价值的原则。

在恩格斯看来,工人自助在农村还能起到作用,但在大城市作用有限,工人根本没有能力来自主建城市住房,很少数工人才能加入这样的建筑生产合作社。如此具体的方案,力求用合作社的方式来消灭资本主义生产方式,消除资本家对工人的盘剥进而从根本上消除房主和租房者的对立,却给人一种空想的感觉。

二是通过工厂主给工人建住宅。这就要求说服工厂主,使其明白给工人建住宅不仅有利于工人,有利于社会发展,还有利于自己。在恩格斯看来,这实际上是通过对资本家的道德说教来解决住宅问题。资本家是否为工人建房子,根本上还是根据有无利润、利润大小来决定的。一些工厂主有自主性为工人修建住房，是因为能从中带来丰厚利润，当建更昂贵的住房利润更大时，他们就不会愿意为工人建造价格低廉的房子。结果只能是，资本即使能提供足够数量的住房，也不愿意消除住房短缺，有时还要靠住房短缺来获得更大的利润。

三就是通过国家帮助。依靠国家颁布法律，把支付房租变为分期支付住房，依靠国家对居民需要住宅的数量等进行统计，培养掌握科学手段的卫生警察对住宅进行卫生检查。阅读米尔柏格的文章会发现，其中最大的悖论是，他不断地批判国家容忍了房屋出租制度的存在，又在解决问题时寄希望于国家的帮助。似乎国家会摇身一变，本来作为住宅问题无法解决的"绊脚石"，却能迅速改变自己的角色成为解决问题的"他山石"。

解决住宅问题，得看是什么样的国家。恩格斯明确指出：现代的国家不能够也不愿意消除住房灾难。国家无非是有产阶级即土地所有者和资本家用来反对被剥削阶级即农民和工人的有组织的总权力。个别资本家（这里与问题有关的只是资本家，因为参加这种事业的土地所有者首先也是以资本家

资格出现的）不愿意做的事情，他们的国家也不愿
意做。①

国家帮助是有前提的，前提就是国家不是代表
有产阶级利益的"总权力"，因为这样的国家不会
从根本上解决工人阶级、小资产阶级的住房短缺问
题，顶多只会做表面文章，给人呈现代表所有人利
益、力求解决每个人住宅问题的假象。恩格斯不相
信代表资产阶级利益的国家能够去解决无产阶级的
住宅问题，这样的国家只会形式地解决而不会实质
性地去解决。

恩格斯谈到了"欧斯曼计划"。1853 年 6 月，
欧斯曼受拿破仑三世直接任命，接手对巴黎这座城
市的改造计划，他在任职的 17 年完成了改造扩建
巴黎的宏大计划。这个计划穿过房屋密集的工人住
宅区，开辟出一些又长、又直、又宽的街道，然后
在街道两旁修建豪华大厦，把原来的工人区挡住，
最终令巴黎的面貌焕然一新。这个计划是改造城市
而不是旨在改善城市工人住宅条件的计划，当然不
会从根本上解决住宅问题，它只是迁移了恶劣的居

---

① 《马克思恩格斯文集》第 3 卷，人民出版社 2009 年版，第 299 页。

住条件，将住宅问题移到了别处，结论只能是，"资产阶级以他们的方式解决住宅问题只有一个办法，这就是问题解决了，但又层出不穷"①。

2

当时有人已经持不同的观点，认为德国还是值得信任的，国家作为代表总体利益的独立的力量。恩格斯明确指出存在这种观点："有人可能反驳说，在德国，资产者还没有占统治地位；在德国，国家在某种程度上是独立的、凌驾于社会之上的力量，正因为这样，这个力量也就代表社会的总体利益，而不是代表某一个阶级的利益。这样的国家自然能够做出资产阶级国家所不能做出的许多事情；在社会领域中，也可期望它能做出完全不同的事情来。"②

恩格斯并不认为在当时的德国，国家是不代表资产者的立场的，不是作为某一个阶级利益的代

---

① 《马克思恩格斯文集》第3卷，人民出版社2009年版，第302页。

② 《马克思恩格斯文集》第3卷，人民出版社2009年版，第299—300页。

表，他认同的是德国越来越受资产阶级的影响，成
为资产者利益的代表。但从这段话又可以看出，国
家不是永远代表资产阶级利益的，到一定阶段，国
家可以作为代表社会总体利益的力量，能够作为积
极的独立力量在社会之外解决社会问题包括住宅问
题。也就是说，恩格斯并不是完全反对国家的作
用，而是反对某种特定类型的国家，也就是资产阶
级国家，即作为总资本家的国家。

要解决无产阶级的住宅问题，必须依靠无产阶
级国家的出场。恩格斯为此指出，"要消除这种住
房短缺，只有一个方法：消灭统治阶级对劳动阶级
的一切剥削和压迫"①，"无产阶级必须采取政治行
动，必须把实行无产阶级专政作为达到废除阶级并
和阶级一起废除国家的过渡"②。依靠无产阶级建立
政权，并最终消灭国家，即消灭作为某个阶级利益
代表、作为阶级统治工具的国家，这无疑是马克
思、恩格斯自《共产党宣言》之后持之以恒强调的
观点。

---

① 《马克思恩格斯文集》第 3 卷，人民出版社 2009 年版，第 250 页。
② 《马克思恩格斯文集》第 3 卷，人民出版社 2009 年版，第 310 页。

面对恩格斯的这种观点，米尔柏格宣称推进阶级政治是可笑的，"人们仔细地研究住宅问题'这样重要'的问题，或者信用、国家债务、私人债务、捐税等等，对此恩格斯嗤之以鼻。他认为所有这些东西都是资产者玩弄的把戏，或者是各种反动观点的竞赛场。对于他来说只有一——资本主义生产，二——工人夺取政权。在他看来，所有其他的事情都是附带的和无关紧要的。一切总是同资本主义生产这个最终原因有关，政权是进行彻底变革的第一个手段"①。

如果反对研究具体的问题，米尔柏格的批判无疑是有一定道理的。但恩格斯当然不会反对，他主张的是，应该把无产阶级组织成为独立政党当作首要条件，强调夺取国家政权，实现国家性质的转变。这种主张是更为现实的，没有国家政权，幻想国家帮助、实施某种法律就是不可能的。认定国家是阶级统治的工具，不是说就是主张马上消灭国家的阶级属性，而是要努力促使国家代表无产阶级的

① ［德］阿·米尔柏格：《住宅问题——答弗里德里希·恩格斯》，载《恩格斯〈论住宅问题〉研究读本》，臧峰宇等编著，中央编译出版社2014年版，第236—237页。

无处栖身

利益。这没有什么可笑的，反倒是思想改变世界的积极体现，也是马克思主义最终能够改变人类社会历史进程尤其是改变近代以来中国社会历史进程的原因之所在。

列宁曾经关注到恩格斯在《论住宅问题》中的国家观，在引用文中观点之后，他认为恩格斯明显地说明了无产阶级国家同资产阶级国家相似的地方："剥夺和占据住宅是根据现今国家的命令进行的。无产阶级的国家，从形式上来讲，也会'下令'占据住宅和剥夺房屋。但是很明显，旧的执行机构，即同资产阶级相联系的官吏机构，是根本不能用来执行无产阶级国家的命令的。"① 从资产阶级国家到无产阶级国家，国家的功能并没有实质性改变，只是换了领导者和执行者，但却因此能真正地、根本性地解决无产阶级的住宅问题。

两种类型的国家根本不同的是，无产阶级国家最终通往的是国家消亡，也就是充当阶级统治功能的国家的消亡。在列宁看来，废除国家的过程或者

---

① 《列宁专题文集. 论马克思主义》，人民出版社 2009 年版，第 230 页。

国家消亡的过程则是"免费住宅实现"的过程，其
实也就是真正意义上住者有其居的过程。恩格斯是
抱有免费分配住宅的社会理想的，只是这种理想要
随着国家的消亡才能照进现实。国家的消亡并不是
不可实现的理想，而是随着人类社会历史的演进必
然要实现的过程，消亡不是人为的，而是随着人类
社会工业革命的进程、随着生产力的发展以及科学
和艺术的发展的必然结果。

3

不依靠国家，是无法解决住宅问题的，但完全
依靠国家，也是不可能解决住宅问题的。新型国家
即无产阶级国家的建立，只是为解决住宅问题提供
了政治前提和保障，没有提供真正解决住宅问题的
所有条件。

恩格斯曾如此表达过自己的看法："有一点是
肯定的，现在各大城市中有足够的住房，只要合理
使用，就可以立即解决现实的'住房短缺'问题。
当然，要实现这一点，就必须剥夺现在的房主，或
者让没有房子住或现在住得很挤的工人搬进这些房

主的房子中去住。"①"我们已经看到：把属于有产
阶级的豪华住宅的一部分加以剥夺，并把其余一部
分征用来住人，就会立即弥补住房短缺。"②"只要
无产阶级取得了政权，这种具有公共福利形式的措
施就会像现代国家剥夺其他东西和征用民宅那样容
易实现了。"③

　　显然，恩格斯在住宅问题上也深谙"杀富济
贫"的道理，他明知道可以剥夺一部分人的房子来
弥补其他一部分人的住房短缺，却又并不主张采取
这种方式。无产阶级取得政权，为什么不能剥夺拥
有豪华住宅、拥有多套房子的房主呢？为什么社会
有足够多住房的时候，不能让没有房子或有很小房
子的人直接搬进一些人的大房子里、多出来的房子
里面？

　　简单的逻辑是，这样采取没收的方式，必然会
侵犯一部分社会成员的基本权利，而如果不能保障
社会成员的财产权，直接没收一些人的住房，还有

　　① 《马克思恩格斯文集》第3卷，人民出版社2009年版，第264页。
　　② 《马克思恩格斯文集》第3卷，人民出版社2009年版，第283—
284页。
　　③ 《马克思恩格斯文集》第3卷，人民出版社2009年版，第264页。

谁愿意投入主动去推动经济发展呢？而社会如果没有动力推动经济发展，短期解决的住房问题又会重新出现。国家不得不承认自己对社会经济规律无能为力，解决住宅问题，还是得靠尊重客观经济规律来解决问题。

解决住宅问题，无论是什么样的国家，都必须尊重客观规律，都不能认为凭借着满腔热忱就能解决，靠直接颁布法令就能解决。住宅问题，不纯粹是一个法哲学、道德哲学的问题，根本上还是政治经济学的问题。国家是应该发挥积极作用的，但必须在尊重经济规律的基础上发挥作用，在这个基础上，要从解决社会民生问题出发、从维护社会共同利益出发、从保障住有所居的理想出发，这样的国家才是解决住宅问题所需要的国家。

五、如何抓住"资本生产性的双角"?

当资本主义生产方式还存在的时候，企图单独解决住宅问题或其他任何同工人命运有关的社会问题都是愚蠢的。解决办法在于消灭资本主义生产方式，由工人阶级自己占有全部生活资料和劳动资料。

1

解决住宅问题，在不改变生产方式的情况下，寄希望于国家帮助，从法理感上喊永恒公平，注定于事无补。"当资本主义生产方式还存在的时候，企图单独解决住宅问题或其他任何同工人命运有关的社会问题都是愚蠢的。"① 要解决住宅问题，就要

① 《马克思恩格斯文集》第3卷，人民出版社2009年版，第307页。

解决住宅问题，在不改变生产方式的情况下，寄希望于国家帮助，从法理感上喊永恒公平，注定于事无补。

空喊口号

消灭资本主义生产方式。

米尔柏格也将批判的矛头指向了资本主义生产方式。他用了一个词，叫"资本的生产性"（也译为"资本的生产率"，这个译法容易让人产生误解），认定住宅问题同资本生产性息息相关，如果资本的生产性无法被真正抓住双角而予以制服，住宅问题就无法真正解决，"有人想要建造工人住宅和职员住宅等等，他们要建造多少就可以建造多少，但是，只要资本是承担这种福利事业的东西，只要资本的所谓'生产率'能够从土地上魔术般地变出房屋和城市来，只要人民群众不得不在资本的庇护下寻找家园，那就决然谈不到真正的变化和改善"①。

这段话其实理解起来并不难，而且还有一定道理，无怪乎是说如果建造住房的主体是资本，解决住房问题背后的主导力量是资本，那就不可能真正解决住宅问题。但他偏要说资本的生产率能够从土地上魔术般地变出房屋和城市来，就让人很难理

---

① ［德］阿·米尔柏格：《住宅问题　社会概略》，载《恩格斯〈论住宅问题〉研究读本》，臧峰宇等编著，中央编译出版社 2014 年版，第 215—216 页。

解，资本通过购买劳动力，利用生产工具建造出房屋，是人人都可以理解的再正常不过的事情，怎么说也不是魔术般地变出房屋和城市来，借此否定资本的生产性，似乎道理上说不通。

究竟什么是资本的生产性呢？其实，它并不是一个很难懂的概念，但确实容易形成模糊的理解。在恩格斯看来，资本的生产性，是蒲鲁东从资产阶级经济学家那里抄来的胡说。这里的资产阶级经济学家无疑就是指亚当·斯密和大卫·李嘉图等人，他们虽然也指出过劳动是一切财富的源泉和一切商品价值的尺度，但又认为把资本预付到工业或手工业企业，结果不仅能收回预付的资本，并且还能取得利润，原因就在于资本本身具有一定的生产性。可以理解，资本的生产性就是资本具有的一种特性，是资本在生产过程中能够创造出产品和获得自我增殖的特性，比如投入到房地产行业的资本生产出商品房并获得比原来更多的利润，比如利用建造的住房通过出租不断获得租金等。

与资产阶级经济学从正面强调资本的生产性不同，蒲鲁东、米尔柏格则是从反面批判了资本的生产性，认为资本的生产性是破坏永恒公平的，它阻碍了工人得到自己的十足劳动所得，用自己虚假存在掩盖了强加在今天社会身上的一切不公平。要解决住宅问题，就要"抓住资本生产性的双角"，废除资本的生产性，如何抓住呢，如何废除呢？跟着米尔柏格的思路，只能再次回到购买出租住宅，要取消房租形式，住房的房租不应该归资本，应该用强制性的法律把利率降低直至最后降到零，投在房屋上的资本只会一次取得利润而不会永久持续取得利润，资本就不再具有生产性了。

　　使用"资本的生产性"，本身就说明蒲鲁东、米尔柏格承认了资本是具有生产性的。恩格斯指出的是，必须抓住双角而予以制服的那头牡牛实际上并不存在，因而也就没有"双角"可抓。资本之所以生产出商品、实现价值的增殖，实际上依靠的是劳动。所谓资本的生产性，无非是说资本具有把雇佣工人的无酬劳动占为己有的性质。能从土地中创造出房屋和城市，这些绝不是魔术般地编出来的，绝不是假想的，而是真实的，但在其中创造出房屋的，能创造价值的，是劳动而绝不是资本。

2

令恩格斯更不能理解的是，在米尔柏格看来："住宅承租人对房主的关系，完全和雇佣工人对资本家的关系一样。像资本家使用于生产资料中的资本，通过雇佣工人的劳动，不断得到更新和增殖一样，房主投入住宅的资本，通过承租人缴纳的源源不断的房租收入，也得到了更新和增殖。"[1] 因此，正如要实现自由生产者的社会就应当消灭资本家和雇佣工人的雇佣关系一样，解决住宅问题就要消灭房主和住宅承租人的关系。

恩格斯认为，这完全不对，"试图把承租人和出租人之间的关系与工人和资本家之间的关系等同起来，就是完全歪曲前一种关系。相反，我们要谈的是两个公民之间的十分平常的商品交易，而这种交易是按照各种调节一般商品买卖，特别是调节

---

① ［德］阿·米尔柏格：《住宅问题 社会概略》，载《恩格斯〈论住宅问题〉研究读本》，臧峰宇等编著，中央编译出版社 2014 年版，第 217 页。

‘地产’这一商品买卖的经济规律进行的”①。承租人和出租人双方只是单纯的、平常的商品买卖关系，双方共同占有的价值总量不变，不会创造出新的价值，不会出现把劳动力卖给资本家而创造出新的价值增殖的后果。

米尔柏格之所以将两种关系等同起来，与他对剩余价值的错误理解有关。“我们把房屋、建筑场地等原来的成本价格同它今天的价值之间的差额叫做剩余价值”②，“这种剩余价值是在没有个别人任何有意干涉的情况下，在整个社会机体中自行完成的那些变化的结果。整个社会创造了这种剩余价值，最简单的、最合理的和最公正的结论，要求这种剩余价值属于整个社会”③。

“剩余价值”这个词，我们并不陌生，应该说已经非常熟悉了，不过，米尔柏格这样来理解，超

① 《马克思恩格斯文集》第 3 卷，人民出版社 2009 年版，第 253 页。

② ［德］阿·米尔柏格：《住宅问题　社会概略》，载《恩格斯〈论住宅问题〉研究读本》，臧峰宇等编著，中央编译出版社 2014 年版，第 213 页。

③ ［德］阿·米尔柏格：《住宅问题　社会概略》，载《恩格斯〈论住宅问题〉研究读本》，臧峰宇等编著，中央编译出版社 2014 年版，第 213 页。

出我们的想象。其中的逻辑是：住宅的成本价格和它所出售的价格之间的差额，叫剩余价值；不是劳动力创造剩余价值，而是整个社会创造，是工业发展、城市人口增长带来的结果；既然整个社会创造剩余价值，按照公平的原则，那就自然应该归社会占有，不应该归房主占有，"社会有要求得到对于房屋以及地皮的剩余价值的最无可争议的、唯一的和最正当的权利"①。

这种逻辑是恩格斯非常不认同的。生产商品的成本和出售的价格怎么能叫剩余价值？社会怎么会创造剩余价值？剩余价值应该如何归社会成员占有？在恩格斯看来，是工人在生产领域创造了剩余价值，只不过这份剩余价值要在资本家、土地所有者也包括在房主这里进行分配。米尔柏格实际上是将住宅问题仅仅看成分配问题和交换问题，不满意于住房的分配和交换，强调的是所有社会成员参与分配，只是在分配中、在交换中做文章，以为所有成员共享房租就能够解决所有人拥有自己住宅的

---

① ［德］阿·米尔柏格：《住宅问题 社会概略》，载《恩格斯〈论住宅问题〉研究读本》，臧峰宇等编著，中央编译出版社 2014 年版，第 213 页。

问题。

住宅问题还是得到生产领域中才能看到端倪，应该深入到资本主义生产方式、生产关系的批判。进入不到生产领域，只在交换领域、分配领域来解决住宅问题，是不可能的。只有在生产领域，才能看到剩余价值的生产过程，看到谁才是真正的剩余价值的生产者，才能看到工人的剩余价值已经被榨取，根本无法通过分配和交换的方式拥有自己的住宅。当然，我们不能认为恩格斯否定交换和分配公平对解决住宅问题的价值，要解决住宅问题，需要在生产、交换和分配领域共同推动。

3

解决住宅问题，消灭资本主义生产方式，应该采取什么样的态度呢？以萨克斯为代表的资产阶级慈善家，想通过不改变资本主义生产方式来解决住宅问题，努力追求的目标是让"所谓的无财产者阶级"上升到"有财产者的水平"，把所有人都变成资产阶级，使雇佣工人都变成资本家又同时继续当雇佣工人。恩格斯提醒，萨克斯恰恰忘了资本主义生产方式必不可少的先决条件不是所谓的无财产者阶级的存在，而是真正的无财产者阶级的存在，资产阶级和无产阶级是必然同时存在的，想要资产阶级不要无产阶级，是不可能的，是办不到的。

米尔柏格则感叹曾经的自给自足的生产方式的美好，实际上选择了"回到从前"。他把小手工业称颂为社会的真正支柱，并且给出了理由，"为什么小生产是社会的真正支柱呢？因为小生产按其本质来说就结合着三个要素，即劳动——获得——占有，并且因为它把这三个要素结合起来，而没有对个人发展能力作任何的限制。这里无需强调，资本主义的生产方式和现代工业的发展完全破坏了小生产的本质，并把一个充满生命力而不断更新的阶级变成一堆不自觉的、不知道把自己惶惑的眼光投向哪里去的人"①。显然，小生产是作为蒲鲁东主义者的米尔柏格理想的生产方式，小资产者则是其心目中的模范人物。

_____

① ［德］阿·米尔柏格：《住宅问题　社会概略》，载《恩格斯〈论住宅问题〉研究读本》，臧峰宇等编著，中央编译出版社 2014 年版，第 226 页。

抱有这样的想法，米尔柏格厌恶工业劳动，希望抛弃现代工业、蒸汽机、纺纱机，把工业革命、机器大工业代替手工劳动看作不应当发生的事情，实际上是想使社会退回到以前单个人的、旧的、一成不变的手工劳动去，实现已经灭亡或正在灭亡的小手工业生产的重建。这样做，会丧失生产力，会带来饥饿，会使人类陷入劳动的奴隶状态，但在米尔柏格看来都无关紧要。实际上，这个理想早就被工业发展的步伐给踏碎了，大工业已经消灭了单独劳动，社会化劳动已经成为趋势。

米尔柏格使用了大量的词汇描绘现时代的惨状，哀叹工人被逐出自己的家园，却是想回到资本主义生产方式之前，这无疑是一种历史的反动。米尔柏格描述现时代惨状的作品，恩格斯称之为"反动的耶利米哀歌"。《耶利米哀歌》是《圣经》旧约的一卷书，记载了犹太人在耶路撒冷和圣殿被毁之后所作的哀歌。米尔柏格目睹不可避免的东西、历史上必然的东西的袭来发出哀歌，想着恢复早已经被历史消灭了的东西，这种哀歌只能是反动的。

看到同样的现实，恩格斯却持不同的态度，

对未来充满希望。无论再怎么批判资本主义生产方式，再怎么不满意于资本的逻辑，恩格斯都是以看到其必然带来未来社会进步为前提的。这正是米尔柏格所不能理解的，他认为，恩格斯的问题是把全部的社会贫困吹捧为文明的杠杆，"似乎恩格斯要求为全部的社会贫困唱一首赞美诗，因为正是这种社会贫困奠定了基础，使人成熟到终于有了要结束苦难的愿望"①。恩格斯当然不可能为社会贫困唱赞歌，而是力求在把握历史进程中、在尊重客观规律基础上解决住宅问题，解决贫困问题。

资本主义生产方式是要消灭的，但大工业所留下的东西则是要保留的。要看到它带来的革命性因素，尤其是看到机器大工业的出现，人类社会的生产力获得巨大发展，包括工人在内的物质生活状况总的来讲得到提升，全体社会成员不仅获得丰裕的消费和储备，也有机会获得科学、艺术、社会方式等文化中一切真正有价值的东西，正逐渐把以前统

①　［德］阿·米尔柏格：《住宅问题——答弗里德里希·恩格斯》，载《恩格斯〈论住宅问题〉研究读本》，臧峰宇等编著，中央编译出版社2014年版，第234页。

治阶级的独占品变成全社会的共同财富。

资本主义生产方式虽然让一些土地上的劳动者变成没有财产的无产者，但它让更多人摆脱了束缚在土地上的命运，让无产阶级有了更加先进的观念和意识，并为未来最终消灭阶级和阶级对立创造了条件。"只有现代大工业所造成的、摆脱了一切历来的枷锁、也摆脱了将其束缚在土地上的枷锁并且被一起赶进大城市的无产阶级，才能实现消灭一切阶级剥削和一切阶级统治的伟大社会变革。有自己家园的旧日农村手工织工永远不能做到这一点，他们永远不会产生这种想法，更说不上希望实现这种想法。"①

消灭资本主义生产方式，究竟意味着什么？应该采取什么样的行动？恩格斯给出了明确的主张，那就是"由工人阶级自己占有全部生活资料和劳动资料"，这样的主张不同于蒲鲁东主义的赎买之处在于：

由劳动人民"实际占有"全部劳动工具和拥有全部工业，是同蒲鲁东主义的"赎买"完全相反

----

① 《马克思恩格斯文集》第3卷，人民出版社2009年版，第257页。

的。如果采用后一种办法,单个劳动者将成为住房、农民田园、劳动工具的所有者;如果采用前一种办法,则"劳动人民"将成为房屋、工厂和劳动工具的总所有者。这些房屋、工厂和劳动工具的用益权,至少在过渡时期难以无偿地转让给个人或团体。同样,消灭地产并不是消灭地租,而是把地租——虽然形式发生变化——转交给社会。所以,由劳动人民实际占有全部劳动工具,决不排除保存租赁关系。①

赎买并不能消灭资本主义生产方式,个人私有反倒是对资本主义生产方式的必然要求。让个人占有住房这样的生活资料是不够的,根本上还是要共同占有劳动资料,让所有劳动人民成为劳动资料的总所有者,不能想着在生产资料私有的现实情况下,只去追求和保障一小部分人对住宅这样的生活资料的所有权。倒是可以在全部劳动人民成为房屋、工厂和劳动工具的所有者的情况下,允许一部分人去使用房屋,这种途径是可以采取租赁的方式的,这也并不会导致一些人有房可住一些

① 《马克思恩格斯文集》第3卷,人民出版社2009年版,第328页。

人无房可住的情况。所以，是否消除租赁关系，不是问题的实质。通过占有全部生活资料和劳动资料，消灭资本主义生产方式，实现共同所有，才是根本之道。

六、只有消灭城乡对立才有可能

住宅问题，只有当社会已经得到充分改造，从而可能着手消灭在现代资本主义社会里已达到极其尖锐程度的城乡对立时，才能获得解决。资本主义社会不能消灭这种对立，相反，它必然使这种对立日益尖锐化。

1

解决住宅问题，根本之道在于消灭城乡对立。住宅问题是城市的住宅问题，但如果没有考量城乡对立的问题，就没办法提出正确的解决之道。虽然是在讲城市的住宅问题，但恩格斯不是就城市住宅问题谈城市住宅问题，而是着眼城乡之间的关系来看城市住宅问题。

城乡对立为什么会出现？不能说是资本主义生

解决住宅问题，根本之道在于消灭城乡对立。住宅问题是城市的住宅问题，但如果没有考量城乡对立的问题，就没办法提出正确的解决之道。

连根拔除

产方式带来的，但可以说正是资本主义生产方式导致了城乡对立的尖锐化。在恩格斯看来，人类社会发展到一定历史阶段，社会分工发展到出现农业劳动和工商业劳动的差别，城乡分离开始出现，城乡对立就出现了。可以说，城市出现之时，就是城乡对立开始之日。城乡对立是人类进入文明时代以来一直经历的社会现象。随着资本主义生产方式的确立，随着工业化进程推进，城市化进程加速，城乡对立的趋势必然加剧，资本主义社会不可能消除城乡对立，只能使这种对立日益尖锐化。

城乡对立是一种什么样的对立？城乡对立不是城乡分离，城乡分离是生产力发展的产物，反过来也促进了生产力发展。城乡对立是城乡分离的极端走向，根本上说是"农村附属于城市""农村屈服于城市的统治"，走向极端并不利于生产力的进一步发展。恩格斯没有给城乡对立做过明确的描述，不过我们可以从上下文中总结，城乡对立的表现是：城市的繁荣要依靠农村的衰败，城市居民收入的提升和生活条件的改善，要靠牺牲农民的利益、榨取农民的劳动所得。要实现城市的发展，就要靠牺牲农村的发展，要使城市市民受益，就得让农民利益受损，这就是城乡对立。

解决住宅问题，为什么必须要消灭城乡对立？道理很简单，如果城乡对立的加剧，差别巨大，必然就会使农村人一旦有机会就往城市、往大城市跑，这样就会有大量需要到城市里买房的人，城市的住宅因此就不可能满足所有人的住宅需要。再多的、再大的城市，也容不下一个国家所有的人口，如果一个国家，只有几个繁华的现代大城市，剩下的都是残破不堪的农村，那么住宅问题就永远不可能解决。因此解决城市的住宅问题，必须解决城乡对立问题。"住宅问题，只有当社会已经得到充分改造，从而可能着手消灭在现代资本主义社会里已达到极其尖锐程度的城乡对立时，才能获得解决。"① 这是恩格斯在《论住宅问题》中表达的一个重要观点，对于我们今天思考住宅问题依然具有重要启示。

2

消灭城乡对立，是否能够消灭，如何才能消

---

① 《马克思恩格斯文集》第 3 卷，人民出版社 2009 年版，第 283 页。

灭？不是每个人都会给出乐观的答案。在今天看到城乡发展不平衡问题进一步突出的时候，我们也很容易得出悲观的结论。

实际上，米尔柏格在当时就是悲观论的代表者，他把消除城乡对立看作空想："至于恩格斯有理由当做极为重要的问题专门说到的城乡对立这个如近代史所表明的始终是灾难重重的问题，那么想把它消灭就是一种空想。这种对立是自然的，更确切些说，是历史上产生的，当然，它恰恰在本世纪得到了前所未有的扩大，而且采取了越来越大的规模。问题不是在于消灭这种对立，而是在于发现可以使这种对立成为无害甚至有利的那些政治形式和社会形式。这样才有可能达成和平协议，达到各种利益的逐渐均衡。"①

即是说，城乡对立是自然的，是在历史上产生而且不断扩大的，所以不可能消灭，解决的方法只能是找到特定的政治和社会形式。在资本主义生产方式之下，城乡对立是不可能解决的，这一点恩格

---

① ［德］阿·米尔柏格：《住宅问题——答弗里德里希·恩格斯》，载《恩格斯〈论住宅问题〉研究读本》，臧峰宇等编著，中央编译出版社 2014 年版，第 235 页。

斯也承认。但他认为，从长远的发展来看，消灭城乡对立并不是空想，必然会成为现实，当然这是需要条件的：

　　只有使人口尽可能地平均分布于全国，只有使工业生产和农业生产发生紧密的联系，并适应这一要求使交通工具也扩充起来——同时这要以废除资本主义生产方式为前提——才能使农村人口从他们数千年来几乎一成不变地在其中受煎熬的那种与世隔绝的和愚昧无知的状态中挣脱出来。断定人们只有在消除城乡对立后才能从他们以往历史所铸造的枷锁中完全解放出来，这完全不是空想；当有人硬要"从现有情况出发"预先规定一种据说可用来消除现存社会中这种或其他任何一种对立的形式时，那才是空想。①

　　恩格斯的这段话实际上描绘了消灭城乡对立、实现城乡融合的要素，至少包括：工业生产和农业生产发生紧密联系，互相支撑，互相推进；依靠交通工具打通城市和农村的距离，便利于人们穿梭于城市和农村之间；人口平均分布于城市和农村，这

---

① 《马克思恩格斯文集》第 3 卷，人民出版社 2009 年版，第 326 页。

是以农村发展到一定程度，能够提供与城市相匹配的生活环境和生活便利为前提的；人们从历史的枷锁中解放出来，尤其是农村人口摆脱与世隔绝、愚昧无知的状态；等等。

消灭城乡对立不是空想，原因在于已经"有了值得注意的实际基础"。恩格斯举了当时英国的一个例子："当你看到仅仅伦敦一地每日都要花很大费用，才能把比全萨克森王国所排出的还要多的粪便倾抛到海里去，当你看到必须有多么庞大的设施才能使这些粪便不致毒害伦敦全城，那么消灭城乡对立的这个空想便有了值得注意的实际基础。"① 如果不能解决城乡对立，就无法解决城市的问题，这就是消灭对立的实际基础，实际上也就是推动消灭城乡对立的动力。

消灭城乡对立不是空想，原因还在于，"消灭这种对立日益成为工业生产和农业生产的实际要求"②。农业生产要想维持发展下去，必然依靠工业生产；工业生产要想维持并发展下去，也离不开农

① 《马克思恩格斯文集》第3卷，人民出版社2009年版，第326页。
② 《马克思恩格斯文集》第3卷，人民出版社2009年版，第326页。

业生产，工农业生产互相支撑发展的需要和趋势，必然推动城乡对立的消灭。恩格斯指出，"现存的大地产将给我们提供一个良好的机会，让联合的劳动者来经营大规模的农业，只有在这种巨大规模下，才能应用一切现代工具、机器等等，从而使小农明显地看到通过联合进行大规模经营的优越性"①。农业生产的规模化、科技化趋势，使农业发展有大好前景，落后于工业生产的局面会得到大大改善，必将支撑农村条件的改善。

消灭城乡对立，也具有了主体条件。人类社会的历史进程，工业革命推广到农业地区，逐渐让农村小房主变成工业的家庭工人，这就不断改变人们的观念，尤其是会使农民从闭塞状态中摆脱出来，从政治上的无所作为状态摆脱出来，改变安定的、保守的意识。在这点上，米尔柏格与恩格斯倒是能够达成一点共识，他指出，不能抱怨农民在政治上迟钝，抱怨他们冷淡、愚蠢等，认为没办法争取他们，也不能等农民成为无产阶级，才迫使农民进入反对资本主义的营垒，要主动关心农村居民的利

---

① 《马克思恩格斯文集》第3卷，人民出版社2009年版，第331页。

益。"人们会惊奇地看到，农民对这些事情考虑得多么激进，多么符合社会主义，多么革命，尽管他们到现在为止还不懂得社会主义语言和革命语言中的一句话。"① 这种对农民革命性的强调，无疑是有道理的。

恩格斯实际上还提醒的是，消灭城乡对立，不是空想，也不是马上可以采取的行动，不是想到了就可以实现的目标，它是历史发展的必然趋势，是人类社会历史进程的必然走向。应该相信城乡对立消灭的非空想性，但也要看到城乡对立消灭的漫长性，这是应该持有的科学的观念。

---

① ［德］阿·米尔柏格：《住宅问题——答弗里德里希·恩格斯》，载《恩格斯〈论住宅问题〉研究读本》，臧峰宇等编著，中央编译出版社 2014 年版，第 238 页。

结语　走向住宅问题的真正解决

　　古今中外的诗人留下了许多关于住宅问题的名句。在我国被称为"诗圣"的杜甫在《茅屋为秋风所破歌》一诗中有名句如下："安得广厦千万间，大庇天下寒士俱欢颜！风雨不动安如山。"单独看，情怀格局之大，让人惊叹。但如果我们来看接下来的句子是，"呜呼！何时眼前突兀见此屋，吾庐独破受冻死亦足"，恐怕就只能感受到诗人的无奈了。

　　德国浪漫派诗人弗里德里希·荷尔德林为世人留下了一句脍炙人口、很有意境的话："人生在世，成绩斐然，却还依然诗意地栖居在大地上。"海德格尔通过自己的独特分析，赋予了"诗意地栖居"更多的所指，留下来的问题是，"难道一切栖居不是与诗意格格不入的吗？我们的栖居为住房短缺所困扰。即便不是这样，我们今天的栖居也由于劳作而备受折磨，由于趋功逐利而不得安宁，由于娱乐和消遣活动而迷迷惑惑"①。

谁会不羡慕那诗意地栖居呢？可是又有多少人能做到诗意地栖居？这里的"栖居"，我们不去引申更多的价值追求，就是将其理解为拥有一套自己的房子，在自己的房子里诗意地生活，又有多少人能够做到？我们的现实生活没那么诗意，我们的栖居诗意甚少。到头来可能只不过是，以诗描写人生的境界容易，把诗中描述的意境变成现实不容易。

一定程度上而言，恩格斯所探讨的正是如何通往诗意地栖居的问题，只不过他探讨的不是诗人的栖居问题，不是少数人诗意栖居的问题，而是大多数人如何诗意栖居的问题。这场争论也确实告诉我们，实现诗意地栖居何其难也！提出一套解决社会住宅问题的方案又是何其地难上加难！

恩格斯不止一次地强调，他并没有提出解决住宅问题的具体的社会方案，也反对为构建未来的美好社会臆造种种空想方案，他不相信存在"消除一切社会祸害的实际建议"和"社会的万应灵丹"。

---

① ［德］海德格尔：《演讲与论文集》，孙周兴译，商务印书馆2020年版，第203页。

他明确写道:

> 我的确丝毫没有想到要解决所谓住宅问题,正如我并没有去研究更为重要的食物问题的解决办法的细节一样。如果我能证明我们现代社会的生产足以使社会一切成员都吃得饱,并且证明现有的房屋足以暂时供给劳动群众以宽敞和合乎卫生的住所,那么我就已经很满意了。至于苦思冥想未来的社会将怎样调节食品和住房的分配——这就是直接陷入空想。[①]

恩格斯是对的,再没有什么东西比预先虚构出来的面面俱到的实际"解决办法"更不切实际的了。任何具体的方案,现成的药方,换一个时间和地点都是不管用的,只能显示出作者的幼稚和空想。尽管如此,恩格斯在这场论战中所表达的观点,对我们思考住宅问题以及展望住宅问题的未来走向还是有重要启示。

解决住宅问题,通往诗意地栖居,应该遵循人类社会的客观历史进程。让所有人拥有属于自己的房子,作为理想追求,很好,但只靠主观的美好愿

---

① 《马克思恩格斯文集》第3卷,人民出版社2009年版,第331页。

望是不够的，基于公平正义的理想有时候根本无助于问题的解决。把客观历史进程和美好主观愿望结合起来，才是解决包括住宅问题在内的一切社会问题的科学方法。

解决住宅问题，通往诗意地栖居，仅从法学的、伦理的角度提出高大上的口号是不够的，必须借助于政治经济学对经济客观规律进入深刻地总结。我们当然不否定法律和道德的作用，但归根结底还是应该在遵循经济发展规律的基础上去恰当地运用法律的规定、道德的约束、公平的理想。

解决住宅问题，通往诗意地栖居，不能仅仅把住宅问题看作经济问题。一旦将住房变成经济增长的抓手，就很容易陷入到资本逻辑的运作中，就很难把大多数人的住宅问题的解决变成追求的目标。住宅问题应该作为民生问题，作为社会建设的问题被对待，才有希望得到解决。

解决住宅问题，通往诗意地栖居，要求解决城乡对立，实现城乡融合。在可以预见的未来，我们都注定面对城乡分离的客观存在，追求城乡融合是必须努力的目标。既促进城市繁荣，又实现乡村振兴，让人们的任何一种选择都能过上美好生活，才

愿望与现实

会吸引更多人留在或者回到农村，也就能缓解城市住宅问题。

解决住宅问题，通往诗意地栖居，要求依靠国家力量、社会力量与资本力量的共同作用。要实现生产资料公有，生产出足够多的住房，实现大多数人拥有住房，涉及生产方式、经济增长、国家制度、社会合力等众多方面，靠一种力量是不够的，需要多力并举，也需要依靠强有力的政治领导力量来统筹协调。

解决住宅问题，通往诗意地栖居，是一个从古至今一直存在的问题，问题的最终解决必然需要一个漫长的历史过程。要达到大多数人满意的结果，不是轻易就能解决的，不是某个历史阶段能迅速解决的，必要的历史耐心是需要的。

一个时代只能提出这个时代能够解决的问题，也应该解决这个时代提出的问题。放眼历史的进程，瞄准未来的目标，干好眼前的事，解决目前的问题，抓住机会实现更大的进步，是历史唯物主义提供的科学方法论。

附录 《论住宅问题》节选

第三篇
再论蒲鲁东和住宅问题

一

在"人民国家报"第 86 号上，阿·米尔柏格宣称他就是我在该报第 51 号和以下几号中批判过的那些文章的作者。他在替自己辩解的文章中对我大加责难，同时对所谈到的一切观点大肆歪曲，所以我好歹都必须予以答复。很遗憾，我的反驳大部分只能在米尔柏格给我划定的个人论争的范围内进行，但是我将竭力把主要的论点再次加以发挥，而且尽可能要比上次更清楚些，哪怕米尔柏格又会责难我，说这一切"不论对他或对'人民国家报'其他读者说来实质上都没有什么新东西"。这样，我的反驳也就会有某种普遍意义。

米尔柏格抱怨我的批判的形式和内容。说到形式，只要指出我当时根本不知道这些论文出自谁的手笔，这就够了。因此，根本谈不到对于作者有什么个人"成见"；不过对于这些论文中所阐述的解决住宅问题的办法，我当然是有"成见"的，因为我早已从蒲鲁东那里知道了这个解决办法，并且对这个办法的看法是确定不移的。

关于我的批判的"语调"，我不想同朋友米尔柏格争论。像我这样参加运动很久的人，皮肤已经厚得不怕什么攻击了，所以很容易以为别人也有这样厚的皮肤。为了使米尔柏格得到补偿，这一次我要竭力使我的"语调"适应他的 Epidermis（表皮）的敏感程度。

米尔柏格对于我说他是蒲鲁东主义者这一点特别感到冤屈，并声明他根本不是蒲鲁东主义者。我当然应该相信他；不过，我还是要提出证据来证明，这些论文——我讲的也只是这些论文——中除了十足的蒲鲁东主义以外，没有别的东西。

但是，在米尔柏格看来，我对蒲鲁东的批判也是"轻率的"和很不公平的：

"小资产者蒲鲁东的学说，在我们德国已经成了一个确定不移的教条，许多人甚至连他的著作中的一行字都没有读过，就宣扬起这个教条来了。"

我惋惜说，除了蒲鲁东的著作以外，罗曼语地区的工人在 20 年内没有过任何别的精神食粮，对此米尔柏格回答说，在罗曼语地区的工人中"蒲鲁东所表述的原则几乎到处都成为运动的激励人心的灵魂"。这一点我不能同意。第一，工人运动的"激励人心的灵魂"不论在什么地方都不是什么"原则"，而在任何地方都归结为大工业的发展及其后果：一方面是资本的积累和积聚，另一方面是无产阶级的积累和积聚。第二，说蒲鲁东的所谓"原则"在罗曼语地区的工人中间起了米尔柏格所硬说的那种决定作用，说"无政府状态、组织经济力量、实行社会清算等原则在那里已成了……革命运动的真正载体"，都是不正确的。暂且不说西班牙和意大利，在那里蒲鲁东的万应灵丹只是以被巴枯宁修改得不成样子的形式出现才有了一点儿影响。每一个熟悉国际工人运动的人都很清楚一个事实：在法国，蒲鲁东主义者只形成一个人数很少的宗派，而法国工人群众则根本不愿理会蒲鲁东提出的冠以"社会清算和组织经济力量"称号的社会改革计划。顺便说说，这种情况在公社时期就已经有过。虽然蒲鲁东主义者在公社中有许多代表，可是根本不曾尝试过根据蒲鲁东的建议来清算旧社会或组织经济力量。恰恰相反，公社莫大的荣幸，就在于它的一切经济措施的"激励人心的灵魂"不是由什么原则，而是由简单的实际需要所构成。正因为如此，废除面包工人的夜工、禁止工厂罚款、没收停业工厂和作坊并将其交给工人协作社等这样一些措施，完全不合乎蒲鲁东的精神，而合乎德国科学社会主义的精神。蒲鲁东主义者所实行的唯一社会措施就是拒绝没收法兰西银行，而这是公社覆灭的部分原因。所谓布朗基主义者的情况也是一样。他们一旦尝试由纯政治革命家转变为提出一定纲领的社会主义工人派别——如那些流亡到伦敦的布朗基主义者在《国际和革命》那篇宣言中表明的那样——，他们就不是宣告蒲鲁东的救世计划的"原则"，而是宣告，并且几乎是逐字逐句宣告德国科学社会主义的观点，即无产阶级必须采取政治行动，必须把实行无产阶级专政作为达到废除阶级并和阶级一起废除国家的过渡。这种观点在《共产主义宣言》中已经申述过并且以后又重述过无数次。如果米尔柏格根据德国人不尊重蒲鲁东这一点作出结论说，德国人对于罗曼语地区的"直到巴黎公社"为止的运动缺乏理解，那么就请他为证明这个结论而说明一下，罗曼语著作中有哪一部在理解和描述公社方面哪怕近似于德国人马克思所写的《国际总委员会关于法兰西内战的宣言》中所作的正确论述。

工人运动直接受蒲鲁东的"原则"影响的唯一国家就是比利时，正因为如此，比利时的工人运动才像黑格尔所说的那样"从无通过无到无"。

如果说我认为罗曼语地区的工人 20 年来只是从蒲鲁东那里才直接或间接得到精神食粮是一种不幸，那么我认为这种不幸并不在于被米尔柏格称为"原则"的那套蒲鲁东改良药方占有完全虚构的统治地位，而是在于那里的工人对现存社会的经济批判受了完全谬误的蒲鲁东观点的传染，他们的政治活动也被蒲鲁东主义的影响败坏了。至于问到究竟是谁"更多地信奉革命"，是"蒲鲁东主义化的罗曼语地区的工人"，还是理解德国科学社会主义无论如何要比罗曼语地区的工人理解自己的蒲鲁东不知好多少倍的德国工人，那么我们只有知道了"信奉革命"是什么意思的时候，才能回答这个问题。我们曾经听说过有人"信奉基督教，信奉真正的信仰，承蒙上帝恩宠"等等。但是何谓"信奉"革命，即最具暴力的运动？难道"革命"是人们不得不信仰的恪守教义的宗教吗？

其次，米尔柏格责难我，说尽管他文章中说得清清楚楚，我却硬说他把住宅问题仅仅说成是有关工人的问题。

这一次，米尔柏格确实是对的。我把那个有关的地方忽略了。这种忽略是缺乏责任心的表现，因为这是最能表明他的论文的全部倾向性的地方之一。米尔柏格确实清清楚楚地说过：

"由于人们常常对我们提出可笑的责难，说我们推行阶级政治，力求实现阶级统治等等，因此我们首先要强调说：住宅问题并不是仅仅有关无产阶级的问题，相反，它同真正的中间等级，即小手工业者、小资产阶级、全体官僚有极大的利害关系……住宅问题正是社会改革中的一点，这一点显然比其他任何一点都更能揭示出，无产阶级的利益和社会中真正中间阶级的利益有绝对的内在同一性。在租赁住房的沉重的桎梏下，各中间阶级所受的痛苦同无产阶级一样厉害，也许还更厉害些……现在社会中各个真正中间阶级面临着一个问题，即它们是否……有力量……与朝气蓬勃、充满活力的工人政党结成联盟来参加社会改造过程，而这种改造过程的好处将首先为他们所享有。"

总之，朋友米尔柏格在这里证实了如下几点：

（1）"我们"不推行"阶级统治"，也不力求实现"阶级政治"。可是，德国社会民主工党，正因为它是工人政党，所以必然推行"阶级政治"，即工人阶级的政治。既然每个政党都力求取得在国家中的统治，所以德国社会民主工党就必然力求争得自己的统治，工人阶级的统治，即"阶级统治"。而且，每个真正的无产阶级政党，从英国宪章派起，总是把阶级政治，把无产阶级组织成为独立政党当做首要条件，把无产阶级专政当做斗争的最近目的。米尔柏格既然宣称这是"可笑的"，也就是自外于无产阶级运动，而投身小资产阶级社会主义之中了。

（2）住宅问题有一个优点，即它并不仅仅是有关工人的问题，而是"同小资产阶级有极大的利害关系"，因为"真正中间阶级"由此所受的痛苦同无产阶级"一样厉害，也许还更厉害些"。谁要是宣称小资产阶级——哪怕仅仅在一个方面——所受的痛苦"比无产阶级也许还更厉害些"，那么当人家把他归在小资产阶级社会主义者中间的时候，他就确实不能抱怨了。因此，当我说了下面这段话时，米尔柏格怎能有理由感到不快呢：

"工人阶级和其他阶级特别是和小资产阶级共同遭受的这种痛苦，是蒲鲁东也归属的那个小资产阶级社会主义尤其爱研究的问题。所以，我们德国的蒲鲁东主义者首先抓住我们已经说过的决非只是工人问题的住宅问题，这决不是偶然的。"

（3）"社会中真正中间阶级"的利益同无产阶级的利益有"绝对的内在同一性"，而且当前的社会改造过程的"好处将首先"正是为这些真正中间阶级所"享有"，而不是为无产阶级所"享有"。

这样，工人进行当前的社会革命"首先"是为了小资产者的利益。其次，小资产者的利益同无产阶级的利益有"绝对的内在同一性"。既然小资产者的利益与工人的利益是内在地同一的，那么工人的利益也就与小资产者的利益是内在地同一的了。因此，小资产阶级的观点在运动中也就与无产阶级的观点同样合理了。而这种同等合理的说法，也就是人们所说的小资产阶级社会主义。

所以，当米尔柏格在自己的单行本的第25页上把"小手工业"颂扬为"社会的真正支柱"时，他也是前后完全一致的，"因为小手工业按其本质来说把三个要素，即劳动——获得——占有集于一身，并且还因为它把这三个要素集于一身时并不给个人发展能力设置任何限制"；而且他特别责难现代工业破坏培养正常人的这一温床，并"把一个充满生命力而不断更新的阶级变成一堆不觉醒的、不知道把自己惶惑的目光投向何方的人"。可见，小资产者是米尔柏格心目中的模范人物，而小手工业是米尔柏格心目中的模范的生产方式。我把他列入小资产阶级社会主义者中间，难道是诬蔑了他吗？

既然米尔柏格拒绝为蒲鲁东承担任何责任，所以在这里就没有必要进一步说明，蒲鲁东的改革计划将怎样指向使社会一切成员都变成小资产者和小农这一目标。同样也没有必要去详谈小资产者利益和工人利益的所谓的同一性。要讲的话，都已经在《共产主义宣言》中讲过了（1872年莱比锡版第12页和21页）。

总之，我们研究所得的结果是：在"关于小资产者蒲鲁东的传说"之外，又出现了关于小资产者米尔柏格的真事。

二

现在我们来谈一个主要点。我曾指责米尔柏格的文章按照蒲鲁东的方式歪曲了经济关系，办法是把这种关系翻译成法律用语。我举出了米尔柏格的下列论点作为例子：

"房屋一旦建造起来，就成为获取一定部分的社会劳动的永恒的权利根据，尽管这房屋的实际价值早已以房租形式绰绰有余地偿付给房主了。结果就是：例如50年前建筑的一所房屋，在这段时期内，其原先的成本价格以房租收入的形式得到了两倍、三倍、五倍、十倍以至更多倍的补偿。"

于是米尔柏格发出了如下的怨言：

"这样简单冷静地陈述事实，竟促使恩格斯对我大施教诲，说我本来应该说明房屋究竟怎样成为'权利根据'的——可是这完全不在我的任务范围以内……描述是一回事，说明则是另一回事。如果我随着蒲鲁东说社会的经济生活必定渗透着法的观念，那么这样一来，我就要把现代社会描述成一个即使不是缺乏任何法的观念，至少也是缺乏革命的法的观念的社会——这个事实就连恩格斯自己也是会承认的。"

我们首先来谈谈这所一旦建造起来的房屋吧。这所房屋出租以后，就以房租形式给建造人带来地租、修缮费以及他所投入的建筑资本的利息，包括建筑资本的利润在内。视情况的不同，陆续交付的租金总数可能达到原来的成本价格的两倍、三倍、五倍以至十倍。朋友米尔柏格，这就是"简单冷静地陈述"具有经济性质的"事实"；如果我们想知道为什么"结果就是"这样的事实，我们就必须在经济方面进行研究。这样我们就得把这个事实更仔细地考察一番，以便连小孩也不会再发生误解。大家知道，出卖商品就是商品占有者交出商品的使用价值而取得它的交换价值。各种商品的使用价值所以各不相同，其中也在于消费它们所用的时间不同。一个圆面包一天就吃完了，一条裤子一年就穿破了，一所房屋依我看要100年才住得坏。因此，使用期限很长的商品就有可能每次按一定的期限零星出卖其使用价值，即将使用价值出租。因此，零星出卖只是逐渐地实现交换价值；卖主由于不把他预付的资本和由此应得的利润立刻收回，就要靠加价即收取利息来获得补偿，加价即利息的高低并不是任意决定的，而是由政治经济学的规律决定的。在100年终了之后，这所房屋就用坏了，消耗掉了，不能再住人了。如果我们这时候从所付的租金总额中扣去（1）地租，包括在此期间可能发生的提价，（2）日常修缮费用，结果我们就会发现，余数大致是由下列各项组成：（1）原先的房屋建筑资本，（2）建筑资本的利润，以及（3）逐渐收回的资本和利润的利息。
的确，在这个期限终了之后，承租人并没有房屋，可
是房屋所有者也没有房屋了。房屋所有者只有地皮
（如果这是属于他的）及其上面的建筑材料，但这些材
料已经不是房屋了。如果在此期间房屋的"原先的成
本价格得到了五倍或十倍的补偿"，那么我们将看到，
这全靠地租的加价；在像伦敦这样的地方，这对谁都
不是什么秘密。在伦敦，土地所有者和房屋所有者多
半是两个人。租金的这种大幅度的加价，发生在迅速
发展的城市中，而决不是发生在建筑用地的地租几乎
始终不变的乡下。大家知道，扣除地租的上涨部分以
外，房主每年收入的房租平均不超出所投资本（包括
利润在内）的7%，并且还得从中开销修缮费等等。一
句话，租赁合同是一种最普通的商品交易，在理论上，
它并不比其他任何交易对工人有利些或有害些，只有
涉及劳动力买卖的场合是一个例外；在实践上，这个
租赁合同是作为资产阶级千百种欺诈形式之一出现在
工人面前的，关于这些欺诈形式我在单行本第4页上
已经讲过了，正如我在那里所指出的，这些欺诈形式
也要经受某种经济上的调节。

　　相反，米尔柏格认为租赁合同无非是纯粹的"任
意行为"（见他的单行本第19页），而当我向他证明情
形是相反的时候，他就抱怨说：我向他讲的"可惜完

全都是他自己已经知道的东西"。

但是，对于房租的任何经济研究，都不会使我们把废除住房租赁制变为"革命思想母腹中产生的最富有成果的和最崇高的追求之一"。为了达到这一目标，我们必须把这个简单的事实从冷静的经济领域移到意识形态方面的高得多的法学领域中去。"房屋成为"房租的"永恒的权利根据"——"结果就是"，房屋的价值以房租的形式得到两倍、三倍、五倍和十倍的补偿。要明白为什么"结果就是"这样的，"权利根据"对我们没有丝毫帮助；正因为这样，我说米尔柏格只有在研究了房屋如何成为权利根据之后，才能知道为什么"结果就是"这样。只有像我那样去研究房租的经济本质，而不是对统治阶级用来使房租合法化的法律术语表示愤慨，我们才能知道这点。谁要提议采取经济措施来废除房租，谁就有责任对房租多知道一些，而不能只说它是"承租人奉献给资本的永恒权利的贡赋"。对于这一点米尔柏格回答道："描述是一回事，说明则是另一回事。"

这样一来，房屋虽然决不是永恒的，却被我们变成房租的永恒的权利根据了。不管"结果就是"怎样，我们总是发现，由于这种权利根据，房屋便以房租形式带来高于它的价值好几倍的收入。由于翻译成法律用语，我们便顺利地远远离开了经济领域，以至于我们只看到这样一个现象，即逐渐支付的房租的总额可能是一所房屋价值的好几倍。既然我们借助于法学来思想和谈话，我们对这个现象也只能用法的标准即公平的标准来衡量，并且发现这种现象是不公平的，是与"革命的法的观念"——不管这是一种什么东西——不相符合的，因而权利根据也就毫无用处了。其次，我们又发现，这一情况同样适用于生息资本和出租的耕地，因而我们就有理由把这几种财产从其他各种财产里划分出来，并且给以特别的处置。这种特别的处置要求：（1）剥夺所有者废除合同的权利，即剥夺他索回自己财产的权利；（2）把租借给承租人、债务人或租佃人的、而并不属于他的财物的用益权无偿地让渡给他；（3）用长期分批付款的方法向所有者进行清偿，此外不再付利息。这样一来，我们就从这个方面把蒲鲁东的"原则"说透了。这就是蒲鲁东的"社会清算"。

附带说说，显然，这整个改革计划几乎仅仅有利于小资产者和小农，它巩固着他们作为小资产者和小农的地位。因此，米尔柏格所说的那个传说中的"小资产者蒲鲁东"的形象在这里忽然获得了完全可以捉摸的历史存在。

米尔柏格继续写道：

"如果我随着蒲鲁东说社会的经济生活必定渗透着

法的观念，那么这样一来，我就要把现代社会描述成一个即使不是缺乏任何法的观念，至少也是缺乏革命的法的观念的社会——这个事实就连恩格斯自己也是会承认的。"

可惜我不可能使米尔柏格在这里得到满足。米尔柏格期望社会必定渗透着法的观念，并且把这叫做描述。如果法庭派一个法警来催促我偿还一笔债务，那么照米尔柏格看来，法庭所做的无非是把我描述为一个欠债未还的人！描述是一回事，要求则是另一回事。德国科学社会主义与蒲鲁东之间的本质区别正好就在这里。我们描述——而每一真实的描述，与米尔柏格的说法相反，同时也就是说明事物——经济状况，描述经济状况的现状和发展，并且严格地从经济学上来证明经济状况的这种发展同时就是社会革命各种因素的发展：一方面是被本身的生活状况必然引向社会革命的那个阶级即无产阶级的发展，另一方面是生产力的发展，生产力发展到越出资本主义社会范围就必然要把它炸毁，同时生产力又提供了为社会进步本身的利益而一举永远消灭阶级差别的手段。相反，蒲鲁东则要求现代社会不是依照本身经济发展的规律，而是依照公平的规范（"法的观念"不是他的而是米尔柏格的东西）来改造自己。在我们提出证明的地方，蒲鲁东及其追随者米尔柏格却在进行说教和哀诉。

"革命的法的观念"究竟是一种什么东西，我根本无从猜测。诚然，蒲鲁东把"革命"变成一种体现和实现他的"公平"的神灵；同时他陷入一个不寻常的错误，把1789—1794年的资产阶级革命和未来的无产阶级革命混为一谈。他几乎在自己的一切著作中，尤其是1848年以后的著作中，都是这样做的；我只举1868年出版的《革命的总观念》第39—40页作个例子。但是，既然米尔柏格拒绝为蒲鲁东承担任何责任，所以我就不能到蒲鲁东那里去寻求对"革命的法的观念"的说明，因而我就继续停留在埃及的黑暗中。

米尔柏格接着说：

"但是，不论蒲鲁东也好，或者我也好，都不是诉诸于'永恒公平'以求说明现存的不公平状态，更不是像恩格斯强加于我的那样，期望诉诸于这个公平以求改善这种状态。"

米尔柏格想必以为"蒲鲁东在德国几乎完全不为人所知"吧。蒲鲁东在其一切著作中都用"公平"的标准来衡量一切社会的、法的、政治的、宗教的原理，他摒弃或承认这些原理是以它们是否符合他所谓的"公平"为依据的。在他的《经济矛盾》中，这个公平还被称为"永恒公平"，justice éternelle。后来永恒性就不再提了，但实质上还是保存着。例如，在1858年出版的《论革命中和教会中的公平》这一著作中，下面的一段就反映了这整整三卷说教的内容（第 1 卷第 42 页）：

"各社会中的基本原则，有机的、起调节作用的、至高无上的原则，支配其他一切原则的原则，统治、保护、压制、惩戒、在必要时甚至镇压一切叛乱因素的原则究竟是什么呢？是宗教、理想、利益吗？……这个原则在我看来就是公平。公平是什么呢？是人类自身的本质。从世界创始以来，它曾是什么呢？是虚无。它应当是什么呢？是一切。"

这个作为人类自身本质的公平，如果不是永恒公平，那又是什么呢？这个作为各社会中有机的、起调节作用的、至高无上的基本原则的公平，这个至今依然是虚无但应当成为一切的公平，如果不是用来衡量一切人间事物的标准，不是在每一冲突下人们所诉诸的最高裁判官，那又是什么呢？难道我不恰好说过，蒲鲁东在判断一切经济关系时不是依据经济规律，而只是依据这些经济关系是否符合他这个永恒公平的观念，以此来掩饰自己在经济学方面的无知和无能吗？既然米尔柏格期望"现代社会生活中的一切变更……都必定渗透着法的观念，即到处都按照严格的公平要求来实行"，那么他与蒲鲁东究竟有什么区别呢？是我不会阅读呢，还是米尔柏格不会写作？

米尔柏格接着说：

"蒲鲁东同马克思和恩格斯一样清楚地知道，人类社会的真正推动力是经济关系，而不是法的关系；他也知道，一个民族某一时代的法的观念只是经济关系，特别是生产关系的表现、反映和产物……总之，在蒲鲁东看来法是历史地生成的经济的产物。"

如果蒲鲁东"同马克思和恩格斯一样清楚地知道"这一切（我愿意不理会米尔柏格的含糊说法并对他的善良愿望信以为真），那么我们还争论什么呢？但是问题在于，蒲鲁东知道的东西恰恰是另一回事。每一既定社会的经济关系首先表现为利益。而在刚才引证的蒲鲁东的主要著作中的那个地方，他明明白白地写着，"各社会中起调节作用的、有机的、至高无上的、支配其他一切原则的基本原则"，并不是利益，而是公平。而且他在他的一切著作的一切有决定意义的地方，都重复着这一点。但所有这一切都不妨碍米尔柏格继续说：

"……蒲鲁东在《战争与和平》一书中发挥得最透彻的经济上的法的观念，同拉萨尔在其《既得权利体系》序言中叙述得极出色的基本思想完全一致。"

《战争与和平》也许是蒲鲁东的许多幼稚著作中最幼稚的一部，我没有料到这部著作竟会被援引来证明蒲鲁东似乎领会了德国的唯物史观。德国的唯物史观是以一定历史时期的物质经济生活条件来说明一切历史事件和观念，一切政治、哲学和宗教的。而蒲鲁东的书竟是这样缺少唯物主义，以致它不求助于造物主，就表达不出它的战争构想：

"但是，为我们选择了这个生活方式的造物主，有他自己的目的。"（1869 年版第 2 卷第 100 页）

至于这本书究竟是依据着什么样的历史知识，这从它相信历史上存在过黄金时代这一点就可看出：

"起初，当人类还是稀稀疏疏地散布在地球上的时候，自然界毫不费劲地就满足了人类的需要。这曾是黄金时代，是丰足的升平时代。"（同上，第 102 页）

蒲鲁东的经济观点是最明显的马尔萨斯主义观点：

"生产增加一倍，人口也立刻跟着增加一倍。"（第 106 页）

那么，这本书的唯物主义在什么地方呢？就在于它断言战争的原因向来一直是而且始终还是"赤贫"（例如，第 143 页）。当布雷西希大叔在 1848 年的演说中冷静地发表"大贫穷的原因就是大贫穷"的宏论时，他也是一个可笑的唯物主义者。

拉萨尔的《既得权利体系》一书不仅囿于法学家的种种幻想，而且还囿于老年黑格尔派的种种幻想。拉萨尔在第 VII 页上明确地宣称："在经济方面，既得权利概念也是推动一切继续向前发展的喷泉"；他想证明："权利是一个从自身内部〈这就是说不是从经济的先决条件中〉发展出来的合理的机体"（第 XI 页）；在拉萨尔看来，问题是要证明权利不是起源于经济关系，而是起源于"意志概念本身，而法哲学不过是对这种概念的阐发和叙述"（第 XII 页）。那么这部书在这里又有什么用呢？蒲鲁东和拉萨尔的差别只在于，拉萨尔是一个真正的法学家和黑格尔主义者，而蒲鲁东在法学和哲学方面，也如在其他一切方面一样，不过是一个门外汉。

我知道得很清楚：以经常自相矛盾而著称的蒲鲁东，有时也发表一些言论，表明他似乎是用事实来说明观念的。但是，这些言论对他的一贯思想倾向来说是毫不足道的，何况这些言论即使有也是极其混乱和自相矛盾的。

在社会发展的某个很早的阶段，产生了这样一种需要：把每天重复着的产品生产、分配和交换用一个共同规则约束起来，借以使个人服从生产和交换的共同条件。这个规则首先表现为习惯，不久便成了法律。随着法律的产生，就必然产生出以维护法律为职责的机关——公共权力，即国家。随着社会的进一步的发展，法律进一步发展为或多或少广泛的立法。这种立法越复杂，它的表现方式也就越远离社会日常经济生活条件所借以表现的方式。立法就显得好像是一个独立的因素，这个因素似乎不是从经济关系中，而是从自身的内在根据中，可以说，从"意志概念"中，获得它存在的理由和继续发展的根据。人们忘记他们的法起源于他们的经济生活条件，正如他们忘记他们自己起源于动物界一样。随着立法进一步发展为复杂和广泛的整体，出现了新的社会分工的必要性：一个职业法学家阶层形成了，同时也就产生了法学。法学在其进一步发展中把各民族和各时代的法的体系互相加以比较，不是把它们视为相应经济关系的反映，而是把它们视为自身包含自我根据的体系。比较是以共同点为前提的：法学家把所有这些法的体系中的多少相同的东西统称为自然法，这样便有了共同点。而衡量什么算自然法和什么不算自然法的尺度，则是法本身的最抽象的表现，即公平。于是，从此以后，在法学家和盲目相信他们的人们眼中，法的发展就只不过是使获得法的表现的人类生活状态一再接近于公平理想，即接近于永恒公平。而这个公平则始终只是现存经济关系的或者反映其保守方面，或者反映其革命方面的观念化的神圣化的表现。希腊人和罗马人的公平认为奴隶制度是公平的；1789 年资产者的公平要求废除封建制度，因为据说它不公平。在普鲁士的容克看来，甚至可怜的专区法也是对永恒公平的破坏。所以，关于永恒公平的观念不仅因时因地而变，甚至也因人而异，这种东西正如米尔柏格正确说过的那样，"一个人有一个人的理解"。在日常生活中，需要加以判断的各种情况很简单，公正、不公正、公平、法理感这一类说法甚至应用于社会事物也不致引起什么误会，可是在经济关系方面的科学研究中，如我们所看到的，这些说法却会造成一种不可救药的混乱，就好像在现代化学中试图保留燃素说的术语会引起混乱一样。如果人们像蒲鲁东那样相信这种社会燃素即所谓"公平"，或者像米尔柏格那样硬说燃素同氧气一样是十分确实的，这种混乱还会更加厉害。

三

再往下，米尔柏格抱怨我把他的如下一段"激昂的"议论叫做反动的耶利米哀歌：

"在大城市中，百分之九十以至更多的居民都没有可以称为私产的住所，这个事实对于我们这个备受赞扬的世纪的全部文明的嘲弄是再可怕不过的了。"

的确，如果米尔柏格像他自己硬说的那样，只是局限于描述"现时代的惨状"，我当然就不会说坏话来评论"他和他的朴素的文章"了。但是他做的完全是另外一回事。他把这些"惨状"描述为工人"没有可以称为私产的住所"的结果。不论把"现时代的惨状"说成是废除工人的房屋所有权的结果，还是如容克们所说的那样把这说成是废除封建制度和行会的结果

——在这两种场合，这种抱怨都只能是反动的耶利米哀歌，只能是目睹不可避免的东西、历史上必然的东西的突然袭来而发出的悲歌。反动性就在于米尔柏格想恢复工人对房屋的个人所有权，即恢复早已被历史消灭了的东西；就在于他所能设想的工人解放无非是使每个工人重新成为自己住房的所有者。往下他又写道：

"我要最明确地声明，真正的斗争是针对资本主义生产方式的，只有从资本主义生产方式的变革出发，才能期望住房状况得到改善。恩格斯丝毫看不出这一点……我把社会问题的充分解决当做采取赎买出租住房办法的前提。"

可惜我至今还丝毫看不出这一点。我当然无法知道我甚至连其名字也不知道的一个人在其头脑中一个秘密角落里把什么东西看做前提。我只能以米尔柏格发表出来的论文为根据。而在那里我直到现在还看见（单行本第 15 和 16 页上），为了着手赎买出租住房，米尔柏格所设定的前提不过是……租赁住房。只有在第 17 页上他才"把资本的生产性的双角抓住而予以制服"，关于这点我们回头还要谈到。他甚至在替自己辩解的文章中也证实了这一点，他说：

"问题倒是应当说明，从现有情况出发，怎样才能实行住宅问题方面的完全变革。"

"从现有情况出发"与"从资本主义生产方式的变革〈应当说废除〉出发"——这是两个完全对立的东西啊。

米尔柏格抱怨我把多尔富斯先生和其他厂主帮助工人购置自有房屋的慈善之举看做实际实现他的蒲鲁东主义计划的唯一可能的方法,这是毫不足怪的。如果米尔柏格懂得蒲鲁东的救世计划是一种完全在资产阶级社会的土地上驰骋的幻想,那他自然就不会相信这个计划了。我在任何时候和任何地方都没有怀疑过他的善良的愿望。但是,雷绍埃尔博士向维也纳市政委员会提议仿效多尔富斯的计划,他究竟为什么要加以称赞呢?

接着米尔柏格又宣称:

"至于单就城乡对立而言,那么想把它消灭是一种空想。这种对立是自然的,更确切些说,是历史上形成的……问题不在于消灭这种对立,而是在于去发现可以使这种对立成为无害甚至有利的那些政治和社会形式。这样才可望达成和平的调整,达到各种利益的逐渐的均衡。"

总之,消灭城乡对立是一种空想,因为这种对立是自然的,更确切些说,是历史上形成的。我们且把这个逻辑应用到现代社会的其他对立物上面,看一看我们会走到什么地方去。例如:

"至于单就"资本家与雇佣工人的"对立而言"，"那么想把它消灭是一种空想。这种对立是自然的，更确切些说，是历史上形成的。问题不在于消灭这种对立，而是在于去发现可以使这种对立成为无害甚至有利的那些政治和社会形式。这样才可望达成和平的调整，达到各种利益的逐渐的均衡"。

这样一来，我们又走到舒尔采—德里奇那里去了。

消灭城乡对立不是空想，不多不少正像消除资本家与雇佣工人的对立不是空想一样。消灭这种对立日益成为工业生产和农业生产的实际要求。李比希在他论农业化学的著作中比任何人都更坚决地要求这样做，他在这些著作中一贯坚持的第一个要求就是人应当把取自土地的东西还给土地，并证明说城市特别是大城市的存在只能阻碍这一点的实现。当你看到仅仅伦敦一地每日都要花很大费用，才能把比全萨克森王国所排出的还要多的粪便倾抛到海里去，当你看到必须有多么庞大的设施才能使这些粪便不致毒害伦敦全城，那么消灭城乡对立的这个空想便有了值得注意的实际基础。甚至较小的柏林在自己的秽气中喘息至少也有30年了。另一方面，像蒲鲁东那样想变革现代的资产阶级社会而同时又保留农民本身，才真是十足的空想。只有使人口尽可能地平均分布于全国，只有使工业生产和农业生产发生紧密的联系，并适应这一要求使交通工具也扩充起来——同时这要以废除资本主义生产方式为前提——才能使农村人口从他们数千年来几乎一成不变地在其中受煎熬的那种与世隔绝的和愚昧无知的状态中挣脱出来。断定人们只有在消除城乡对立后才能从他们以往历史所铸造的枷锁中完全解放出来，这完全不是空想；当有人硬要"从现有情况出发"预先规定一种据说可用来消除现存社会中这种或其他任何一种对立的形式时，那才是空想。米尔柏格采用蒲鲁东的公式来解决住宅问题时，就是在这样做。

其次，我说过米尔柏格对"蒲鲁东关于资本和利息的闻所未闻的见解"也要负一定的责任，对此他抱怨不已，并且宣称：

"我是假定生产关系的改变是既定的，而调节利率的过渡性法律并不涉及生产关系，而是涉及社会交易即流通关系……生产关系的变更，或者如德国学派更精确地说的，资本主义生产方式的废除，当然不是如恩格斯所强加于我的那样，有了取消利息的过渡性法律就会发生，而是只有劳动人民实际占有全部劳动工具，拥有全部工业后才会发生。至于劳动人民在这里将热衷于〈！〉赎买还是热衷于立即没收，这一点既不是恩格斯也不是我所能决定的。"

我惊愕地把眼睛揉了一揉。我把米尔柏格的文章再从头到尾读了一遍，想找出他究竟在哪个地方说过，他提出的赎买出租住房是以"劳动人民实际占有全部劳动工具，拥有全部工业"为前提的。我没有找到这样的地方。它并不存在。任何地方都没有谈到"实际占有"等等。不过在第17页上却说过：

"我们假定，资本的生产性真正被抓住双角而予以制服，而这是迟早总会发生的，例如通过一项过渡性法律就可加以制服。这项法律把一切资本利率规定为一厘，并且请注意，这里还有这样一种趋势，即这一厘利率还要逐渐接近于零……自然，房屋以及住房，也同其他一切产品一样，都要纳入这种法律的范围……因此，我们从这一方面可以看到，赎买出租住房是根本消灭资本的生产性的必然后果。"

可见，与米尔柏格最近的转变完全相反。这里是毫不含糊地说，资本的生产性——他这个混乱的说法连他自己也承认指的就是资本主义生产方式——确实是可以通过废除利息的法律"被抓住双角而予以制服"的，并且正是由于有这个法律，"赎买出租住房是根本消灭资本的生产性的必然后果"。现在米尔柏格却说，绝对不是这样。这个过渡性法律"并不涉及生产关系，而是涉及流通关系"。碰到这种如歌德所说的"智者和傻瓜同样都感到神秘莫测的"十足的矛盾，我就只好假设我是在和两个不同的米尔柏格打交道：一个米尔柏格理直气壮地抱怨我把另一个米尔柏格发表的东西

"强加"于他。

至于说劳动人民既不会向我也不会向米尔柏格请教在实际占有时他们应"热衷于赎买还是热衷于立即没收",那是千真万确的。最可能的是,劳动人民宁愿什么也不"热衷"。但是,劳动人民实际占有全部劳动工具的问题根本就没有涉及过,而涉及到的只是米尔柏格的如下论断(第17页):"解决住宅问题的全部内容包括在赎买这个词中。"既然他现在承认这种赎买是极成问题的,那么为什么还要给我们两人和读者们增添不必要的麻烦呢?

不过,必须指出,由劳动人民"实际占有"全部劳动工具和拥有全部工业,是同蒲鲁东主义的"赎买"完全相反的。如果采用后一种办法,单个劳动者将成为住房、农民田园、劳动工具的所有者;如果采用前一种办法,则"劳动人民"将成为房屋、工厂和劳动工具的总所有者。这些房屋、工厂和劳动工具的用益权,至少在过渡时期难以无偿地转让给个人或团体。同样,消灭地产并不是消灭地租,而是把地租——虽然形式发生变化——转交给社会。所以,由劳动人民实际占有全部劳动工具,决不排除保存租赁关系。

一般说来,问题并不在于,无产阶级取得政权后是去简单地运用暴力占有生产工具、原料和生活资料,还是为此立即给以补偿,或者是通过缓慢的分期付款办法赎买这些东西的所有权。试图预先面面俱到地回答这个问题，那就是制造空想，这种事情我留给别人去做。

四

我不得不花费这样多的笔墨纸张，才穿过了米尔柏格的重重借口和遁词，终于触到米尔柏格在替自己辩解的文章中小心翼翼避免涉及的问题。

米尔柏格在自己的文章中说了些什么肯定意见呢？

第一，"房屋、建筑用地皮等等原来的成本价格同其现今价值间的差额"，照理应该属于社会。用经济学术语来说，这种差额就是地租。蒲鲁东也想把地租交归社会，这一点我们在他的《革命的总观念》1868 年版第 219 页中可以读到。

第二，住宅问题的解决就是要使每个人都成为自己住房的所有者，而不再是承租者。

第三，实行这种解决办法，就得通过一项法律把支付房租变为分期支付住房的买价。——第二第三这两点都是从蒲鲁东那里抄袭来的，每个人都能在《革命的总观念》第 199 页及以下几页中看出这一点，而且那本书第 203 页甚至还载有已经编纂好了的有关法律的草案。

第四，通过一种过渡性法律把资本的生产性的双角抓住而予以制服，根据这种法律先把利率降低到一厘，预计以后还要继续降低。这同样是从蒲鲁东那里抄袭来的，在《总观念》第182—186页中可以详细地读到这一点。

在这几点中的每一点，我都引证了米尔柏格的抄袭品所依据的蒲鲁东原书的有关段落。现在我要问：我是否有权把一篇彻头彻尾蒲鲁东主义的和除了蒲鲁东主义观点外一无所有的文章的作者，称为蒲鲁东主义者？但是米尔柏格最抱怨我的，就是我一"碰见蒲鲁东所特有的某些说法"就称他为蒲鲁东主义者。恰恰相反。一切"说法"都是米尔柏格的，内容则是蒲鲁东的。而当我随后用蒲鲁东的话来补充蒲鲁东主义者的论文时，米尔柏格就埋怨说我把蒲鲁东的"闻所未闻的见解"硬加到他头上了！

那么我对这个蒲鲁东主义计划提出了什么反驳意见呢？

第一，把地租转交给国家，就等于消灭个人地产。

第二，赎买出租住房并把住房所有权转交给原来的承租人，根本不能触动资本主义生产方式。

第三，在大工业和城市的当前发展情况下提议这样做是既荒谬又反动的；重新实行各个人对自己住房的个人所有权，是一种退步。

第四，强制降低资本利息，丝毫也不会侵犯资本主义生产方式；相反，如反高利贷的法律所证明的，这是既陈旧又行不通的。

第五，房屋的租金决不会随着资本利息的消灭而消灭。

对于第二点和第四点，米尔柏格现在已经表示同意了。对于其余各点，他无一字反驳。而这恰好是争论中涉及到的几点。但是，米尔柏格的辩解并不是反驳；他小心地回避了一切正好具有决定意义的经济学方面的问题；这个辩解只不过是针对个人的怨言罢了。例如，我曾预见并谈到他对其他问题如国债、私人债务、信用问题所预告的解决办法，并且指出他的这些解决办法将到处都是一个样子，即像解决住宅问题那样：废除利息，把支付利息转变为分期清偿资本额，实行无息信贷。对此，他大肆抱怨。尽管如此，我现在仍愿意打赌：如果米尔柏格的这些文章能够出世，它们的基本内容将与蒲鲁东的《总观念》（信用——第182页，国债——第186页，私人债务——第196页）相一致，正如他的关于住宅问题的文章与我从同一书中引证的各段相一致一样。

米尔柏格就此开导我说，这些问题，即税收、国债、私人债务和信用问题，加上公社自治问题，对于农民和乡村宣传都极其重要。我对于这点大体上同意，但是，（1）直到现在并没有谈到过农民；（2）蒲鲁东对于这些问题的"解决"也如他对于住宅问题的解决一样，在经济学上是荒谬的，并且在实质上是资产阶级的。米尔柏格暗示说我没有看到吸引农民参加运动的必要性，对于这一点我无须为自己辩白。但是，为此目的而向农民推荐蒲鲁东的江湖医术，我总认为是蠢事。德国还存在很多大地产。按照蒲鲁东的理论，所有这些大地产都应该分割成为小农户，这种办法在今日的农业科学状况下，并且有了法国和德国西部推行小地产的经验之后，简直就是一种反动的东西。相反，现存的大地产将给我们提供一个良好的机会，让联合的劳动者来经营大规模的农业，只有在这种巨大规模下，才能应用一切现代工具、机器等等，从而使小农明显地看到通过联合进行大规模经营的优越性。在这方面走在所有其他社会主义者前面的丹麦社会主义者，早已认清这一点了。

至于责备我似乎把现代悲惨的工人住房状况看做"没有什么意义的琐事"，我也同样无须为自己辩白。据我所知，我是第一个用德文对这种状况的英国的典型发展形式作出描述的人，我这样做并不是像米尔柏格所说的那样是因为这些东西"打击了我的法理感"——谁要是想把一切打击自己的法理感的事情都写成著作，那真是不胜劳碌了——，而是因为，如我在这本书的序言中所指出的，是想通过描写现代大工业所造成的社会状态来给当时正在产生的、一味在空话中盲目兜圈子的德国社会主义提供一个事实的基础。但是，我的确丝毫没有想到要解决所谓住宅问题，正如我并没有去研究更为重要的食物问题的解决办法的细节一样。如果我能证明我们现代社会的生产足以使社会一切成员都吃得饱，并且证明现有的房屋足以暂时供给劳动群众以宽敞和合乎卫生的住所，那么我就已经很满意了。至于苦思冥想未来的社会将怎样调节食品和住房的分配——这就是直接陷入空想。根据对以前各种生产方式的基本条件的认识，我们顶多只能断定：随着资本主义生产的倾覆，以往社会的一定占有形式就将成为不可能的了。甚至过渡的措施也是到处都必须适应当时存在的情况；这些措施在小地产国家里和在大地产国家里将大不相同，等等。企图单独解决像住宅问题之类的所谓实际问题会得到什么结果，米尔柏格本身的例子就是最好的证明，他首先用了28页的篇幅来详细说明"解决住宅问题的全部内容包括在赎买这个词中"，后来他被逼得走投无路时，就狼狈地支吾说，在实际占有房屋时"劳动人民将热衷于赎买"还是其他某种剥夺方式，确实还是很难确定的。

米尔柏格要我们实际些，要我们"面对现实的实际状况"不要"仅仅提出死板的抽象的公式"；要我们"脱离抽象的社会主义，接近一定的具体的社会状况"。

如果米尔柏格自己这样做了，那他也许对运动会有很大功劳的。接近一定的具体的社会状况的第一步就是要认识这些状况，根据它们的实际的经济联系来考察它们。但是我们在米尔柏格那里看到的又是什么呢？看到了两个完整的论点，即：

（1）"承租人对房主的关系，完全和雇佣工人对资本家的关系一样。"

我在单行本第 6 页中已经证明，这种看法是完全不对的，而米尔柏格对此则根本无言可驳。

（2）"必须〈在进行社会改革时〉抓住双角而予以制服的那头牡牛，就是国民经济学自由主义学派所谓的资本的生产性，这个东西实际上并不存在，但是它却以其假想的存在来掩盖压在现代社会身上的一切不平等现象。"

可见，必须抓住双角而予以制服的那头牡牛"实际上并不"存在，因而也就没有"双角"可抓。祸害并不在于它本身，而是在于它的假想的存在。虽然如此，"所谓的〈资本的〉生产性却能从土地中变出房屋和城市"，而这些东西的存在决不是"假想的"（第 12 页）。一个虽然"也很熟悉"马克思的《资本论》，但对资本和劳动之间的关系却这样不可救药地胡言乱语的人，竟然要向德国工人指明一条新的更好的道路，并且还自命为"至少大体明了未来社会建筑结构的建筑师"呢！

没有人比马克思在《资本论》中更加"接近一定的具体的社会状况"了。他用了25年工夫来从各方面研究社会状况，而且他的批判工作的结果总是包含有一些现今一般可能实现的所谓解决办法的萌芽。但是朋友米尔柏格不满足于此。这都是抽象的社会主义，死板的抽象的公式。朋友米尔柏格不去研究"一定的具体的社会状况"，却满足于阅读蒲鲁东的几卷著作，这几卷东西在关于一定的具体的社会状况方面虽然没有给他提供任何东西，可是却给他提供了消除一切社会祸害的明确具体的神奇药方。米尔柏格于是把这个现成的救世计划，把这个蒲鲁东体系奉送给德国工人，借口是：他本想"对体系说声再见"，而据说我却"选择了相反的道路"！要弄通这一点，我就只得假定我是瞎子，米尔柏格是聋子，我们彼此根本无法沟通。

够了。这场论战即使没有任何其他的用处，无论如何总有一个好处：它表明了这些自命为"实际的"社会主义者们的实践究竟是怎么一回事。这些消除一切社会祸害的实际建议，这些社会的万应灵丹，到处都总是由那些宗派鼻祖们炮制出来，而这些人总是出现在无产阶级运动还处于幼年期的时代。蒲鲁东也是其中之一。无产阶级的发展很快就把这些襁褓扔在一边，并在工人阶级本身中产生一种认识：再没有什么东西比这些预先虚构出来的面面俱到的"实际解决办法"更不切实际的了，相反，实际的社会主义则是对资本主义生产方式各个方面的一种正确的认识。对于具有这种认识的工人阶级说来，要知道在每个具体场合下应该反对哪些社会制度并以何种方式发动主要攻击，这是永远不会有困难的。

　　——节选自《马克思恩格斯文集》第 3 卷，人民出版社 2009 年版，第 308—334 页。注释略。

后　记

　　我是 2023 年春节期间开启这本小书的写作的。在写作这本书的过程中，我回到山东的农村老家过年。从小生活在其中的村庄已经不见了，附近的几个村庄也不见了，这里建成了有十几栋楼的社区，村里人都上楼了。几年前我也没有想到，估计村里人也不会想到，不用外出也能住上与大城市相似的楼房。

　　在农村住着城市的楼，这是我们有幸见证的时代标识。对于已经习惯城市住宅的我，住在这样的房子里当然非常适应。老家房子的改变，拉近了与我平时生活环境的距离，让我不再感叹农村环境的不卫生，不再畏惧原来空洞的房子里冬天的寒冷。在这里，我待了将近一周的时间。我边读恩格斯的《论住宅问题》，边思考着这里住宅的变迁。我将自己的所看所思所想，写了一篇随笔文章，发在公众号推送，比起自己写的学术论文或者著作，得到的读者的反馈甚多。

深刻的感受是，社会的进程不会因人的意愿而改变，历史进程或者客观规律就此来说是无情的，社会中的、历史中的个人是无奈的，必须选择学会适应。住宅条件的变革，需要生产、生活观念的变革，无论适应与否，都只能改变。一直在这里没有外出的村里人要有个转变的过程，有个适应的过程，这是没有办法的事情。有的人逼着自己适应了新的变革，有的人看到这种变革走在前面引领了变革，有的人因不能适应这种变革而顿感有心无力。

在我离开老家的十余天后，回到大城市的我竟然做了一个梦，梦见我又一次回到老家。这是我第一次在大城市梦见自己从小在其中长大的院子。在梦里，我看见我小时候生活的那个村庄还在，我们家前后两个院子都还在。我看到整个村庄家家户户都在施工，装修院子，房子里面装修得很精美。我直接从前院走向后院，又从后院走到后面的一个更大的院子里，梦里的我在想，这是否是自己的家？在院子的后面，是很空旷的大地，我还在想这块地是用来干什么的？

梦里的我一直在告诉自己，这是真实的。我没有把这个梦看作是好梦、美梦，梦里的我也没有非常兴奋。这不是好梦、美梦吗？我为什么没有这种感觉。凌晨 5 点多钟，我醒了，忘了被什么惊动而醒来，心里总觉得有些说不出的东西。于是，我就开始写这个后记（当时还不知道这本小册子何时能完成）。

我是在留恋吗？是在不舍吗？不太能够确定。离开老家多年，从一个城市到另一个城市，住宅不断搬迁，现实中的我似乎对每一次搬迁也并没有多少留恋和不舍。恐怕只能确定，从小到大生活于其中的房子还有院子，一直在我的头脑中。它的消失，还是悄然地影响到了我的思维观念，而且它早已在我的头脑中找到了一个位置并且停驻。以后我可能会将它遗忘，它却一定会始终存在。

这无疑是我写的书里面最随意的后记了，这也是我唯一的一本先写了后记再写正文的书，请读者原谅我情感深处的执念。这种执念不断告诉我自己，一定要完成这本关于住宅问题的小册子，它成为这本书完成的动力。

陈培永

2023 年 7 月于北京大学燕北园